User Experience mit Fragebögen messen

Martin Schrepp

Printed by CreateSpace, An Amazon.com Company.

Inhalt

1 Vorwort

User Experience[1] (kurz UX) ist ein vielschichtiges Konstrukt. Die Bedienung eines Produkts (mit dem Begriff Produkt sind im Rahmen dieses Buchs immer interaktive Produkte gemeint) sollte einfach zu verstehen und effizient sein. Das Produkt sollte sich leicht an die speziellen Anforderungen eines Nutzers anpassen lassen. Es sollte Spaß machen, mit dem Produkt zu arbeiten. Die Gestaltung des Produkts sollte kreativ und innovativ sein. Und so weiter.

Die Wahrnehmung solcher UX Aspekte ist von Nutzer zu Nutzer verschieden. Ein Produkt, dass von einem Nutzer als leicht zu verstehen wahrgenommen wird, kann von einem anderen Nutzer als komplex und undurchschaubar empfunden werden. Die Wahrnehmung von UX Aspekten ist also höchst subjektiv.

Erschwerend kommt hinzu, dass die Wichtigkeit der verschiedenen UX Aspekte vom Produkt und vom Nutzer abhängt. Was ein Nutzer als eine wichtige Eigenschaft empfindet, kann für einen anderen Nutzer völlig irrelevant sein. Auch das Einsatzgebiet eines Produkts hat Einfluss darauf, welche Eigenschaften relevant sind. Für beruflich genutzte Produkte wird man andere UX Anforderungen haben, als für rein zur Unterhaltung genutzte Produkte.

All das macht die Messung von UX nicht gerade zu einer einfachen Aufgabe. Da aber, neben rein funktionalen Aspekten eines Produkts, die UX ein wichtiger Faktor für den Produkterfolg ist, ist die Messung dieser Eigenschaft wichtig. Wie sonst kann man feststellen, ob Änderungen am Design einen positiven Aspekt auf die UX Wahrnehmung der Nutzer haben? Auch die naheliegende Frage, wie man bzgl. UX im Vergleich zu Konkurrenzprodukten abschneidet, lässt sich ohne eine vernünftige Methode UX messbar zu machen, nicht wirklich beantworten.

Dieses Buch richtet sich an alle, die wild entschlossen oder gezwungen sind, die UX ihrer Produkte mit einem Fragebogen zu evaluieren. Zielgruppe ist also ganz klar der Praktiker, der im steten Kampf mit der Tücke des Objekts steht. Ich habe mich daher bemüht, nicht zu stark in die Abgründe messtheoretischer oder statistischer Methoden abzusteigen. Allerdings lässt sich das leider nicht immer völlig vermeiden. An diesen Stellen habe ich versucht, die notwendigen Inhalte leicht verständlich darzustellen. Das dabei ab und an die notwendige Genauigkeit gelitten hat, möge mir der Theoretiker verzeihen.

---

[1] Ich verwende im Folgenden die gängigen englischsprachigen Begriffe. Die entsprechenden deutschen Begriffe, z.B. Nutzungserleben für User Experience, sind meist ziemlich sperrig und werden im Sprachgebrauch von Designern oder anderen UX Professionals eigentlich nicht verwendet.

2 Was ist eigentlich User Experience?

Wir wollen zunächst einige für die folgenden Abschnitte wichtige Begriffe klären. Insbesondere wollen wir beschreiben, was wir unter *User Experience* verstehen und wie wir diesen Begriff vom Konzept *Usability* abgrenzen.

Zunächst wenden wir uns dem Begriff Usability zu (im Deutschen oft als *Gebrauchstauglichkeit* oder *Benutzerfreundlichkeit* bezeichnet). Die weithin akzeptierte Definition dieses Begriffs ist in der Norm EN ISO 9241 festgelegt. Diese definiert die Usability eines Produkts als *das Ausmaß, in dem das Produkt von einer festgelegten Zielgruppe zur Erreichung festgelegter Ziele mit Effektivität, Effizienz und Zufriedenheit in einem festgelegten Benutzungskontext verwendet werden kann.*

Die genannten drei Kriterien bedeuten dabei folgendes:

- **Effektivität:** Kann der Benutzer seine Ziele bzw. Aufgaben mit dem Produkt korrekt und vollständig erreichen?

- **Effizienz:** Kann der Benutzer seine Ziele ohne unnötigen, d.h. nicht durch die Aufgabe selbst verursachten, Aufwand erreichen?

- **Zufriedenheit:** Ist der Benutzer mit dem Produkt zufrieden? Dies beschreibt das subjektive Urteil (positive oder negative Einstellung) des Nutzers zum Produkt.

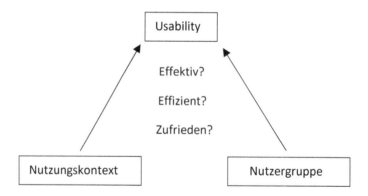

Abbildung 1: Usability im Sinne der ISO 9241.

Usability ist also keine Eigenschaft eines Produkts, sondern immer relativ zum *Nutzungskontext* und zur *Nutzergruppe* definiert. Weiterhin bezieht sich diese Definition im Wesentlichen auf Systeme, die primär zur Erledigung bestimmter Aufgaben vorgesehen sind. Aspekte der Nutzung, die nicht direkt auf die Aufgaben bezogen sind, werden hier nur unter dem sehr unspezifischen Begriff der *Zufriedenheit* zusammengefasst und berücksichtigt.

Betrachten wir zunächst einige Beispiele, um die Konzepte des Nutzungskontexts und der Nutzergruppe zu klären:

- Ein Kaffeelöffel ist sehr gut benutzbar, um einen Joghurt auszulöffeln, aber nicht wirklich brauchbar um eine Baugrube auszuheben (Nutzungskontext).

- MS Excel ist gut benutzbar für die Verwaltung von tabellarischen Daten, aber nicht wirklich brauchbar, um einen längeren Text zu schreiben und zu formatieren (Nutzungskontext).

- Ein normaler Kaffeelöffel ist gut benutzbar für einen Erwachsenen, aber in der Regel nicht für ein Kleinkind, das gerade lernt, mit Besteck umzugehen (Nutzergruppe).

- MS Power Point ist gut benutzbar, um einfache Grafiken für Präsentationen anzufertigen, aber in der Regel nicht ausreichend für professionelle Grafiker (Nutzergruppe).

Die oben genannten Kriterien sind noch recht grob und daher als Unterstützung für konkrete Entscheidungen, die man bei der Gestaltung eines Produkts treffen muss, eher wenig hilfreich.

Eine weitergehende Beschreibung wird im Teil EN ISO 9241 110 (Grundsätze der Dialoggestaltung) gegeben. Hier werden für die Gestaltung eines interaktiven Systems folgende Qualitätskriterien beschrieben:

- *Aufgabenangemessenheit*: Ist das Produkt auf die Abarbeitung der Aufgaben des Nutzers hin optimiert? Ist für die vollständige Bearbeitung der Aufgaben des Benutzers alle notwendige Funktionalität vorhanden? Muss der Nutzer nur die für die Bearbeitung der Aufgabe notwendigen Arbeitsschritte machen oder erzwingt das Produkt unnötige Nutzeraktionen? Sind nur die für die Bearbeitung der Aufgabe wirklich notwendigen Informationen vorhanden oder wird der Benutzer durch unnötige Informationen abgelenkt?

- *Selbstbeschreibungsfähigkeit*: Hat der Benutzer stets alle notwendigen Informationen zur Bedienung des Produkts? Sind geeignete Hilfen oder Rückmeldungen zum aktuellen Zustand einer Aufgabenbearbeitung verfügbar, z.B. Erfolgsmeldungen bei Nutzeraktionen? Weiß der Benutzer stets, wo er sich befindet?

- *Lernförderlichkeit*: Ist es für den Benutzer einfach die Bedienung des Produkts zu erlernen? Unterstützt das Produkt den Nutzer beim Erlernen zusätzlicher Funktionalitäten?

- *Steuerbarkeit*: Hat der Benutzer die Kontrolle über das Produkt? Kann er den Dialog mit dem Produkt steuern oder steuert das Produkt den Benutzer? Kann der Benutzer eine Aufgabe jederzeit unterbrechen und zu einem späteren Zeitpunkt fortsetzen?

- *Erwartungskonformität*: Entspricht die Darstellung der Informationen und die Dialoggestaltung den Erwartungen des Nutzers? Werden allgemeine Konventionen eingehalten, z.B. Standards oder typische Interaktionsmuster aus ähnlichen Produkten? Passt die Darstellung der Information zu den Vorstellungen des Nutzers im gegebenen Kontext? Ist das Produkt intern konsistent, d.h. sind ähnliche Funktionalitäten oder Informationen auch immer ähnlich dargestellt?

- *Individualisierbarkeit*: Kann der Benutzer das Produkt an seine persönlichen Vorlieben und Aufgaben anpassen? Können Funktionen (z.B. Buttons) oder Informationen (z.B. Texte oder Felder), die der Nutzer nicht benötigt, ausgeblendet werden? Können häufig durchgeführte Aktionen automatisiert werden?

- *Fehlertoleranz*: Reagiert das System vernünftig auf Fehleingaben oder Fehlbedienungen des Benutzers? Gibt das System in solchen Fällen geeignete Rückmeldungen, die dem Benutzer helfen die Fehler zu korrigieren, oder korrigiert es solche Fehler evtl. in geeigneter Weise selbst?

Usability ist ein mittlerweile sehr gut verstandenes und gut beschriebenes Konzept. Der Begriff User Experience (im Deutschen als Nutzungserlebnis oder Benutzererlebnis bezeichnet) ist deutlich schwerer zu fassen.

Die Norm DIN EN ISO 9241-210 definiert diesen Begriff als *Wahrnehmungen und Reaktionen einer Person, die aus der tatsächlichen und/oder der erwarteten Benutzung eines Produkts, eines Systems oder einer Dienstleistung resultieren. Dies umfasst alle Emotionen, Vorstellungen, Vorlieben, Wahrnehmungen, physiologischen und psychologischen Reaktionen, Verhaltensweisen und Leistungen, die sich vor, während und nach der Nutzung ergeben.*

Dies ist eine sehr weit gefasste Definition, die leider in der Praxis für die Beantwortung der Frage *Was muss ich tun, um eine positive User Experience zu schaffen?* nicht wirklich hilfreich ist.

Im Gegensatz zur entsprechenden Definition von Usability aus der ISO 9241 110 fehlen hier schlicht Bezüge zu greifbaren Qualitätsmerkmalen, an denen man sich bei der Gestaltung orientieren kann. Designer bringt die Kenntnis der ISO 9241-210 Definition nicht weiter, da der Gestaltungsraum durch diese Festlegung nicht eingeschränkt wird.

Auch in Bezug auf die Messung der UX bringt die Definition wenig, da auch hier jeder Hinweis fehlt, welche Aspekte man berücksichtigen muss, z.B. in einem Fragebogen, um dieses Konzept zu erfassen. Das ist ein typisches Beispiel einer fast vollständig sinnfreien und unnötigen Definition. Damit kann man in Design-Studiengängen zwar Studenten nerven, die dies auswendig lernen müssen, einen brauchbaren Erkenntnisgewinn verspricht diese Definition meiner Meinung nach aber nicht.

Eine andere, deutlich sinnhaftere Sichtweise des Begriffs *User Experience* findet sich z.B. in Preece, Rogers & Sharpe (2002). Hier werden zunächst verschiedene Arten von Qualitätsmerkmalen unterschieden:

- **Usability Ziele**: Die klassischen oben besprochenen Qualitätskriterien, die sich aus dem Usability-Begriff ergeben.

- **User Experience Ziele**: Über die klassischen Kriterien hinausgehende Forderungen, die sich eher auf das subjektive Erleben der Interaktion mit dem Produkt beziehen, z.B. Spaß bei der Nutzung oder Schönheit des Designs.

Diese Einschränkung von User Experience auf Qualitätskriterien, die über die klassischen Usability Kriterien hinausgehen, entspricht allerdings nicht dem üblichen Verständnis dieses Begriffs in der Praxis. Typischerweise wird hier User Experience als ein Konzept verstanden, dass die klassischen Qualitätskriterien um zusätzliche Aspekte anreichert, d.h. den Begriff Usability umfasst und zusätzlich um weitere Anforderungen erweitert.

Eine von der Terminologie besser passende Unterteilung der Qualitätskriterien ist die Unterscheidung in pragmatische und hedonische Qualitätskriterien (siehe z.B. Hassenzahl, 2001).

- **Pragmatische Qualitätskriterien:** Kriterien, die sich darauf beziehen, wie gut Benutzer ihre Aufgaben mit dem Produkt bearbeiten können. Dies sind im Wesentlichen die oben beschriebenen Kriterien guter Usability aus der ISO 9241 (110).

- **Hedonische Qualitätskriterien:** Nicht primär an der Bearbeitung von Aufgaben orientierte Qualitätskriterien, z.B. ästhetisches Design, Spaß bei der Benutzung, Originalität, Identifikation, etc.

In diesem Sinne ist User Experience eine Erweiterung des Usability-Begriffs, die neben den pragmatischen Qualitätskriterien auch hedonische Qualitätskriterien beinhaltet. Diese Sicht werden wir auch diesem Buch einnehmen.

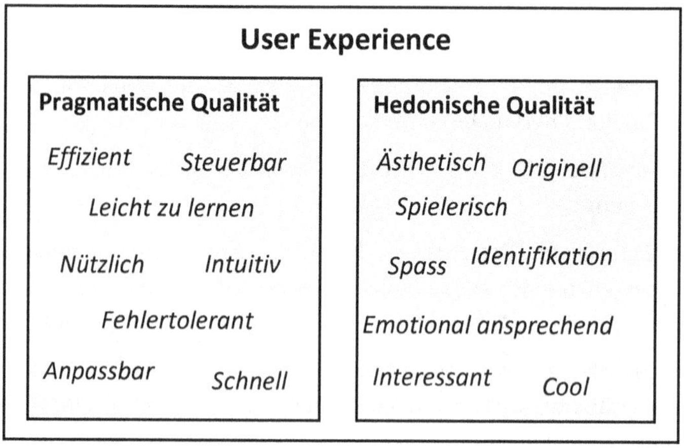

User Experience

Pragmatische Qualität	Hedonische Qualität
Effizient Steuerbar Leicht zu lernen Nützlich Intuitiv Fehlertolerant Anpassbar Schnell	Ästhetisch Originell Spielerisch Spass Identifikation Emotional ansprechend Interessant Cool

Abbildung 2: User Experience als Summe pragmatischer und hedonischer Qualitäten.

Bei der konkreten Beurteilung eines Produkts kommen aber noch weitere, sehr stark vom Produkt abhängige Qualitätskriterien ins Spiel. Niemand wird eine Web-Seite schon dann gut finden, wenn sie ästhetisch gestaltet, originell, effizient und gut strukturiert ist. Wichtig ist hier, ob die Inhalte der Seite, d.h. die Texte auf der Seite, für den Leser inhaltlich relevant und aktuell sind (Thielsch & Jaron, 2012). Das sind aber Punkte, die typischerweise nicht von UX Designern oder visuellen Gestaltern beeinflusst werden können. D.h. hier werden die Inhalte in der Regel als gegeben vorausgesetzt und der Designer kümmert sich nur um die Aufbereitung (z.B. die Navigationsstruktur oder die visuelle Gestaltung), d.h. die Usability und User Experience Aspekte. Den Inhalt verantworten andere. Aus diesem Grund wird dieser Art von Qualität innerhalb von UX Fragebögen in der Regel wenig Aufmerksamkeit gewidmet.

Für den befragten Nutzer sieht die Sache aber anders aus. Kann dieser wirklich so weit von den Inhalten einer Web-Seite abstrahieren, um eine reine UX Beurteilung abzugeben. Vermutlich nicht. Man muss also bei der Beurteilung eines Produkts auch weitere Produkt-Merkmale berücksichtigen, die evtl. sehr stark von der Art des Produkts abhängen. Solche Merkmale sind oft nur für eine bestimmte Kategorie von Produkten (Web-Seiten, Spiele, Online-Banking, Haushaltsgeräte, etc.) relevant.

Betrachten wir ein weiteres Beispiel. Für größere Haushaltsgeräte, z.B. Waschmaschinen, Wäschetrockner oder Spülmaschinen, spielen natürlich klassische pragmatische UX Kriterien, z.B. Effizienz der Bedienung, Erlernbarkeit und Steuerbarkeit eine große Rolle. Wer will schon unnötige Eingaben auf den meist spärlichen Bedienelementen machen oder sich stundenlang mit der Bedienungsanleitung herumquälen, bevor er den ersten Waschgang starten kann? Auch hedonische UX Kriterien spielen hier eine Rolle. Solche Maschinen stehen in vielen Fällen deutlich sichtbar in der Wohnung, d.h. ein ästhetisches Design der Maschine wird hier für viele Kunden sehr relevant sein.

Aber für solche Produkte gibt es weitere sehr spezifische Anforderungen. Solche Geräte verursachen beim Betrieb für einen längeren Zeitraum ein Geräusch. Das kann, wenn es zu laut ist oder eine für den Kunden unangenehm klingende Frequenz hat, extrem nerven und damit die UX des Produkts spürbar herabsetzen. Glücklicherweise sind solche Geräte recht sperrig, so dass man den spontanen Impuls, sie bei zu großer Lärmbelästigung aus dem Fenster zu werfen, nicht direkt nachkommen kann. Für Geräte dieser Art ist also die Akustik (unter dem Begriff fassen wir mal Lautstärke und Klangfrequenz zusammen) ein wichtiges Merkmal der UX Qualität (Boos & Brau, 2017). Wenn man also ein solches Gerät über einen Fragebogen in Bezug auf seine UX beurteilen lassen will, sollte man die Akustik mitberücksichtigen.

Die meisten UX Fragebögen sind eher allgemein orientiert, d.h. bieten Skalen an, die für möglichst viele Arten von Produkten relevant sind. D.h. solche sehr produktspezifischen Kriterien sind damit meist nicht berücksichtigt. Trotzdem sind diese für die UX bestimmter Produkte sehr relevant, d.h. es besteht durchaus ein sehr berechtigtes Interesse, diese auch zu messen.

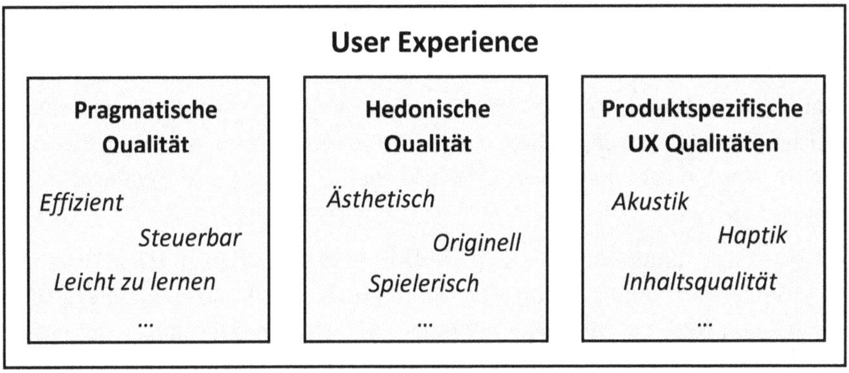

User Experience		
Pragmatische Qualität	**Hedonische Qualität**	**Produktspezifische UX Qualitäten**
Effizient	*Ästhetisch*	*Akustik*
Steuerbar	*Originell*	*Haptik*
Leicht zu lernen	*Spielerisch*	*Inhaltsqualität*
...	...	...

Abbildung 3: Generelle und spezifische UX Qualitäten für bestimmte Produktkategorien.

Wir werden später bei der konkreten Beschreibung relevanter UX Qualitätskriterien auf dieses Modell zurückkommen.

3 Warum ist es wichtig User Experience zu messen?

If you can not measure it you can not improve it oder *To measure is to know* sind zwei bekannte, Lord Kelvin zugeschriebene Zitate. Beide drücken aus, dass eine exakte Messung notwendige Voraussetzung ist, bestimmte Qualitäten zu verstehen und zu verbessern.

Dies gilt auch für die Gestaltung der UX von Produkten. Natürlich kann ein erfahrener UX Designer, der ein Produkt gut kennt, auch ohne UX Messungen oder Nutzerfeedback gewisse Schwachstellen im Produkt erkennen und Vorschläge zur Verbesserung ausarbeiten. Aber jeder Designer, der sein Tun ab und an kritisch hinterfragt (und das sollte eigentlich jeder Designer trotz allem berechtigtem oder unberechtigtem Vertrauen in die eigenen Fähigkeiten ab und zu tun), kennt die Grenzen dieser Vorgehensweise. Ohne zumindest eine gelegentliche Rückmeldung, wie die eigenen Design-Entscheidungen auf die Wahrnehmung realer Nutzer wirken, ist es schwierig bis unmöglich sich nicht in persönlichen Vorlieben und Verkünstelungen zu verlieren. D.h. eine nachhaltige Entwicklung der UX eines Produkts setzt kontinuierliches Feedback von Nutzern voraus, am besten natürlich auch in einer quantitativen Form.

3.1 User Experience als subjektive Wahrnehmung

User Experience ist eine sehr subjektive Eigenschaft. Hier können sich verschiedene Nutzer in ihrem Urteil sehr stark unterscheiden. D.h. es ist hier wichtig eine größere Menge von Nutzern zu befragen, um ein differenzierteres Bild zu bekommen.

Warum ist die Wahrnehmung von UX so stark subjektiv geprägt? Obwohl sie das gleiche Produkt nutzen, haben einige Nutzer einen sehr positiven Eindruck, andere einen massiv negativen Eindruck. Hierfür gibt es eine Reihe möglicher Gründe:

- Natürlich unterscheiden sich Nutzer bzgl. demographischer Faktoren (Geschlecht, Alter, kultureller Hintergrund, etc.). Solche Unterschiede können sich auf die Wahrnehmung der UX eines Produkts auswirken. Allerdings sind aus meiner Erfahrung mit der Evaluation professionell genutzter Produkte, die aus dieser Ursache resultierenden Unterschiede in der Wahrnehmung von UX eher gering.

- Verschiedene Nutzer haben evtl. sehr unterschiedliche Vorerfahrungen mit ähnlichen Produkten, die eine gewisse Erwartungshaltung gesetzt haben. Je nachdem wie ähnlich oder unähnlich das Produkt zu diesen ist (d.h. wie gut die Erwartungshaltung erfüllt wird) fällt das UX Urteil aus. Solche Vorerfahrungen können die UX Bewertung massiv beeinflussen. Wenn ein neues Produkt A ähnlich funktioniert, wie ein schon bekanntes Produkt B, entsteht natürlich beim Nutzer der Eindruck, dieses sei leicht zu erlernen und zu verstehen. Der Nutzer erschließt die Funktionsweise von Produkt A über seine Kenntnis des verwandten Produkts B und hat in der Regel schon vergessen, dass er beim Erlernen von B viele Probleme hatte, z.b. weil dieses Produkt in Bezug auf diesen Qualitätsaspekt schlecht gestaltet war.

- Nutzer haben eine unterschiedliche Expertise mit dem inhaltlichen Gebiet, in dem das Produkt angesiedelt ist. Das kann das Erlernen oder intuitive Verstehen und damit den UX Eindruck massiv beeinflussen. Wenn der Nutzer nur eine nebulöse Vorstellung davon hat, was er eigentlich tun muss, wird er Schwierigkeiten haben (die er dann evtl. auf das Produktdesign schiebt), egal wie gut das Produktdesign die Aufgabe unterstützt.

- Natürlich spielen hier auch persönliche Vorlieben und Abneigungen eine Rolle. Gerade in Bezug auf eher hedonische Qualitäten, z.B. ästhetische Gestaltung oder Originalität, hat jeder Nutzer einen eigenen Geschmack, dem das Design des Produkts mehr oder weniger entspricht.

Aufgrund dieser Faktoren kommen verschiedene Personen bei der Bewertung der UX eines Produkts zu völlig verschiedenen Einschätzungen. Befragt man also nur eine sehr kleine Gruppe von Nutzern eines Produkts, kann man leicht zu falschen Schlüssen gelangen.

3.2   Typische Fragestellungen

Das Messen der UX eines Produkts ist kein Selbstzweck. Der Wunsch eine solche Messung vorzunehmen resultiert in der Regel aus einem spezifischen Problem eines Projekts oder einer Organisation.

Typische Fragestellungen und Probleme beim Messen von UX, die man speziell auch mit Fragebögen gut untersuchen kann, sind (siehe Schrepp, Hinderks & Thomaschewski, 2014):

- *UX Monitoring*: Man möchte Verbesserungen oder Verschlechterungen der UX Qualität eines Produkts oder einer Produktgruppe kontinuierlich überwachen. Eine typische Frage ist z.B., ob ein neues Design oder eine Veränderung an der Nutzerschnittstelle in einer neuen Version, einen positiven oder negativen Effekt auf die von den Nutzern wahrgenommene UX hatte. Diese Frage kann relativ einfach über einen UX Fragebogen beantwortet werden. Man muss lediglich die Ergebnisse vor der Änderung mit denen nach der Änderung vergleichen.

- *Vergleich zur Konkurrenz*: Wie gut ist die UX des eigenen Produkts im Vergleich zu den direkten Konkurrenten? Dies ist verwandt mit der Frage vorher, nur dass man hier nicht zwei Versionen eines Produkts miteinander vergleicht, sondern ein Produkt mit einem Konkurrenzprodukt. Wobei es hier natürlich in der Praxis oft sehr schwierig ist, Daten für ein Konkurrenzprodukt zu erheben.

- ***Prüfen, ob ein Produkt eine ausreichende UX aufweist:*** Erfüllt das Produkt die allgemeinen Erwartungen seiner Nutzer bzgl. UX? Solche allgemeinen Erwartungen von Nutzern werden über die Produkte beeinflusst, die sie häufig nutzen. Um diese Frage sinnvoll beantworten zu können, muss man also das UX Messergebnis des Produkts mit den Ergebnissen anderer etablierter und häufig genutzter Produkte vergleichen. Das kann man zum Beispiel über einen Vergleich zu einem Benchmark erreichen, den viele etablierte Fragebögen anbieten.

- ***Herausfinden in welchen Bereichen man investieren will:*** Die meisten Produkte haben Stärken und Schwächen in Bezug auf UX. Daher ist es natürlich interessant zu wissen, welche UX Aspekte von den Nutzern als positiv bzw. negativ wahrgenommen werden. UX Fragebögen bestehen aus mehreren Skalen, die inhaltlich verschiedene UX Aspekte beschreiben. D.h. aus den Skalenwerten kann man leicht ersehen, in welchen Bereichen man stark und in welchen man schwach abschneidet. Letztere sind dann vermutlich die Aspekte, auf die man sich bei einer Überarbeitung zuerst konzentrieren sollte.

3.3   Vor- und Nachteile von Fragebögen

Feedback von Nutzern zu einem Produkt kann man natürlich auf viele Arten einholen. Das kann von unstrukturiertem Feedback von Kunden, über Usability Tests, Experten-Reviews, bis zu Fragebögen gehen. Letztlich wird man aber alle Arten von Feedback benötigen, um das Produkt nachhaltig zu verbessern. Zudem ist klar, dass alle Arten von Nutzer-Feedback spezifische Vor- und Nachteile haben.

Vergleichen wir mal die Ergebnisse eines Fragebogens mit den Ergebnissen eines klassischen Usability Tests (ähnliches gilt auch für Experten-Reviews). In einem solchen Usability Test bearbeiten Teilnehmer eine Reihe von Aufgaben mit einem Produkt. Dabei werden sie beobachtet und aus ihrem Verhalten und Äußerungen während und nach der Aufgabenbearbeitung wird auf Probleme im Produkt geschlossen.

Ein solcher Test ist sehr gut geeignet, vorhandene Interaktionsprobleme aufzudecken. Die beobachteten Probleme geben in der Regel auch schon klare Hinweise, wie man das Produkt weiter verbessern kann. D.h. ein solcher Test liefert qualitativ hochwertige Informationen zu vorhandenen Problemen. Zum Beispiel, dass die Teilnehmer eine Funktionalität nicht gefunden haben, weil der entsprechende Menü-Eintrag falsch verstanden wurde. Das ist ein klares Ergebnis, dass auch gleich eine Aktion (umbenennen des Menü-Eintrags) zur Verbesserung impliziert. Was ein Usability Test dagegen weniger gut liefern kann, sind Informationen zu den Stärken eines Produkts. Man kann zwar in einem Gespräch mit dem Teilnehmer nach der eigentlichen Aufgabenbearbeitung versuchen, hier qualitative Aussagen zu bekommen. Aber durch die Testsituation fokussieren die Teilnehmer auch in einer solchen Diskussion meist stark auf gefundene Probleme.

Eine gewisse Einschränkung ist, dass man in einem Usability Test vorwiegend Probleme mit der pragmatischen Qualität findet, d.h. Probleme beim Lösen der vorbereiteten Aufgaben. Probleme mit hedonischen Qualitätskriterien, z.B. Stimulation oder Ästhetik, wird man hier eher schwieriger aufdecken können, da die Teilnehmer und in der Regel auch die Testleiter doch stark auf die Bearbeitung der Testaufgaben konzentriert sind.

Auch ist der Aufwand pro getesteter Person sehr hoch, d.h. man ist in der Regel nicht in der Lage, größere Gruppen von Personen zu testen. Usability Tests mit 100 Teilnehmern wird man daher eher selten finden. Typisch sind Tests mit 10-15 Teilnehmern.

Was ein Usability Test eher nicht liefern kann, ist ein Hinweis darauf, wie sich ein Produkt über die Zeit entwickelt. Man kann ja schlecht die gefundenen Probleme mit denen in einer Vorversion vergleichen. Die im letzten Test gefundenen Probleme sind ja hoffentlich behoben und durch neue Funktionalitäten sind evtl. neue Schwierigkeiten aufgetaucht, die in der Vorversion nicht vorhanden waren.

Was mit Usability Tests ebenfalls sehr schwierig zu erreichen ist, sind Vergleiche mit Konkurrenzprodukten. Diese würden ja voraussetzen, dass man die exakt gleichen Aufgaben mit allen Produkten durchführen kann, was meist nicht möglich ist. Zusätzlich erfordert das einen Zugriff auf alle Produkte, die man vergleichen will, was gerade bei komplexen betriebswirtschaftlichen Produkten in der Regel nicht durchführbar ist.

Fassen wir zusammen. Ein Usability Test:

- Findet konkrete Probleme, aus denen sich leicht Ideen zu Verbesserungen ableiten lassen.

- Liefert qualitative Daten, was den Vergleich zwischen Versionen eines Produkts oder verschiedenen Produkten schwierig macht. Über gemessene Bearbeitungszeiten oder Fehlerraten können natürlich auch quantitative Daten generiert werden. Diese basieren aber in der Regel nur auf den Daten von sehr wenigen Teilnehmern, was die Interpretation schwierig macht.

- Erfordert einen hohen Aufwand pro Teilnehmer und ist daher auf kleine Stichproben beschränkt.

- Ist eher problemzentriert, d.h. nicht so gut geeignet, Stärken eines Produkts herauszuarbeiten.

- Ist nicht besonders gut geeignet Schwächen bzgl. der hedonischen Qualitätsaspekte aufzudecken.

Ein Fragebogen liefert quantitative Daten, d.h. Mittelwerte auf den Skalen (die jeweils einzelne UX Qualitätsaspekte beschreiben). Diese sind in der Regel nicht geeignet konkrete Handlungsanweisungen abzuleiten. Aus der Tatsache, dass man auf der Skala *Effizienz* nur einen Wert von 2,4 (Skala von 1 bis 7) erreicht, kann man zwar erkennen, dass man in Bezug auf diese UX Qualität offenbar ein Problem hat. Aber was man zur Lösung tun sollte, ist hier nicht direkt abzuleiten.

Die Ergebnisse des Fragebogens sind quantitative Daten, d.h. Zahlen. Daher sind direkte Vergleiche mit einer Vorversion oder einem Konkurrenzprodukt einfach. Zahlen lassen sich direkt vergleichen, d.h. es ist leicht festzustellen, ob eine Änderung am Design aus Sicht der befragten Nutzer eine Verbesserung oder Verschlechterung ist. Im Gegensatz zum Usability Test braucht man hier auch keinen Zugriff auf ein solches Konkurrenzprodukt, sondern lediglich eine Möglichkeit Nutzer eines solchen zu kontaktieren, was ja über viele Online-Panels heutzutage kein wirkliches Problem ist.

Zusätzlich kann man über einen Fragebogen eine große Zahl von Nutzern mit relativ geringem Aufwand befragen.

Fassen wir auch hier zusammen:

- Die Ergebnisse eines Fragebogens zeigen in der Regel nur Problembereiche, aber nicht, was man konkret tun muss, um das Produkt zu verbessern.

- Ein Fragebogen liefert quantitative Daten, was den Vergleich zwischen Versionen eines Produkts oder verschiedenen Produkten einfach macht.

- Ein Fragebogen erfordert einen sehr geringen Aufwand pro Teilnehmer und ist daher geeignet auch sehr große Stichproben zu untersuchen, was wichtig ist, da der UX Eindruck oft sehr stark subjektiv geprägt ist.

- Ein Fragebogen ist gleichermaßen geeignet Stärken und Schwächen eines Produkts herauszufinden.

Vergleicht man Stärken und Schwächen von Usability Tests und Fragebögen, so sieht man direkt, dass sich diese beiden Verfahren eigentlich optimal ergänzen. D.h. es ist in jedem Fall eine gute Vorgehensweise über Tests Ideen zu Verbesserung zu generieren und über größere Nutzerbefragungen mit Fragebögen die Stärken und Schwächen des Produkts im Marktumfeld oder im Vergleich zur Vorversion zu ermitteln.

Usability Test		Fragebogen
+	Findet konkrete Probleme, aus denen direkt Verbesserungsvorschläge abgeleitet werden können	-
+	Liefert qualitative Daten	-
+/-	Liefert quantitative Daten	+
-	Erlaubt einen einfachen Vergleich zwischen Produkten	+
-	Geringer Aufwand pro Teilnehmer, daher können auch große Zielgruppen untersucht werden	+
-	Kann auch Stärken eines Produkts gut darstellen	+

Abbildung 4: Stärken und Schwächen von Usability Test und Fragebogen.

Es gibt auch noch einen organisatorischen Aspekt, den man hier ansprechen muss. Änderungen an vorhandenen Produkten verursachen natürlich immer Aufwand und Kosten. Einerseits durch die direkten Aufwände für Entwicklung und Test der verbesserten Version. Aber auch zunächst einmal nicht ganz so offensichtliche Aufwände für Änderungen an der Dokumentation bzw. Information an Kunden bzw. Nutzer über die gemachten Veränderungen.

Wie stehen diese Kosten im Verhältnis zur erwarteten Verbesserung der UX des Produkts? Das ist eine sehr natürliche Frage, die sich das Management eines Produktbereichs in solchen Situationen stellen muss. Ohne eine numerische Messung von UX, wie sie z.B. ein Fragebogen liefert, ist diese Frage nicht wirklich gut zu beantworten. D.h. die Ergebnisse eines Fragebogens sind eine wichtige Interpretationshilfe, um Aufwände für die Verbesserung der UX zu rechtfertigen.

Umgekehrt gibt es für jedes Produkt immer eine Vielzahl von Anforderungen zur Verbesserung anderer Produkteigenschaften. Das können neue Features sein, aber auch Verbesserungen von Wartbarkeit, oder der zum Betrieb des Produkts benötigten Resourcen (z.B. will man natürlich Speicherplatz oder benötigte Rechenleistung minimieren). Wenn also das Ergebnis eines Fragebogens ergibt, dass die Nutzer mit der UX bereits sehr zufrieden sind, kann das auch ein gutes Argument sein, erst mal auf UX Verbesserungen zu verzichten und sich auf andere

Dinge zu konzentrieren. Letztendlich ist für den Erfolg eines Produkts die Gesamtqualität wichtig und UX ist nur ein Teil davon.

Gerade wenn es um die Rechtfertigung von Aufwänden und Kosten geht oder um die Priorisierung von Anforderungen an ein Produkt, kann eine Messung der UX des Produkts über einen Fragebogen zur Objektivierung der Diskussion beitragen und enorm hilfreich sein, um zu guten Entscheidungen zu kommen.

4 Struktur von User Experience Fragebögen

Jetzt werden wir mal konkret. In diesem Abschnitt besprechen wir einige grundlegende Dinge zur Struktur von UX Fragebögen und werden einige verbreitete UX Fragebögen etwas genauer darstellen. Ziel ist es, einen Einblick in die zum Teil sehr verschiedenen Arten zu geben, UX mit einem Fragebogen zu messen und Fragebogen-Items zu formulieren.

4.1 Warum gibt es so viele User Experience Fragebögen?

Es muss unglaublich viel Spaß machen, einen neuen User Experience Fragebogen zu entwickeln. Wie sonst lässt sich die ungeheure Vielfalt vorhandener Fragebögen (mit lustigen unverständlichen Kürzeln als Name) in diesem Bereich erklären?

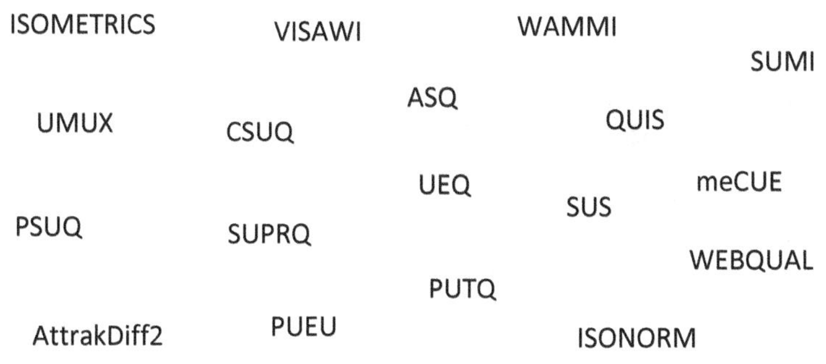

ISOMETRICS   VISAWI   WAMMI
                                          SUMI
                        ASQ
UMUX   CSUQ   QUIS

                  UEQ   meCUE
PSUQ   SUPRQ   SUS
                                    WEBQUAL
                  PUTQ
AttrakDiff2   PUEU   ISONORM

Abbildung 5: Verschiedene existierende UX Fragebögen.

In der Tat ist das Entwickeln eines neuen Fragebogens eine spannende Angelegenheit (ich spreche da aus Erfahrung). Aber das ist dann doch nicht der wesentliche Grund für die Vielzahl vorhandener Fragebögen. Die Ursache ist vielmehr, dass User Experience ein sehr vielschichtiges Konstrukt ist, ein einzelner Fragebogen aber immer nur eine kleine Teilmenge der relevanten UX Aspekte messen kann. Weiterhin sind für verschiedene Produkte unterschiedliche Aspekte der User Experience relevant, d.h. nicht jeder Fragebogen macht für alle Produkte Sinn.

Betrachten wir als Beispiel den AttrakDiff2 Fragebogen (Hassenzahl, Burmester & Koller, 2003). Der Fragebogen ist ein semantisches Differential mit 28 Fragen, die vier Skalen zugeordnet sind.

- *Attraktivität*

  Items: häßlich / schön, motivierend / entmutigend, abstoßend / anziehend, zurückweisend / einladend, sympathisch / unsympathisch, gut / schlecht, angenehm / unangenehm

- *Pragmatische Qualität*

  Items: umständlich / direkt, einfach / kompliziert, praktisch / unpraktisch, menschlich / technisch, voraussagbar / unberechenbar, widerspenstig / handhabbar, verwirrend / übersichtlich

- *Hedonische Qualität Stimulation*

  Items: phantasielos / kreativ, originell / konventionell, innovativ / konservativ, neuartig / herkömmlich, mutig / vorsichtig, harmlos / herausfordernd, lahm / fesselnd

- *Hedonische Qualität Identität*

  Items: minderwertig / wertvoll, stilvoll / stillos, nicht vorzeigbar / vorzeigbar, isolierend / verbindend, ausgrenzend / einbeziehend, bringt mich den Leuten näher / trennt mich von Leuten, fachmännisch / laienhaft

Attraktivität beschreibt den Gesamteindruck zum Produkt auf einer gut/schlecht Dimension (wird auch oft als *Valenz* bezeichnet). Die *Pragmatische Qualität* erfasst die eher am klassischen Usability Begriff orientierten Aspekte, z.B. Effizienz, Erlernbarkeit oder Kontrolle. *Stimulation* beschreibt, ob das Produkt originell gestaltet ist und die Beschäftigung mit dem Produkt anregend ist. Mit *Identität* wird erfasst, ob der Nutzer (Besitzer) das Produkt verwenden kann, um Prestige oder Ansehen zu gewinnen („schau mal ich habe das neueste iPhone") bzw. glaubt über den Besitz oder die Nutzung des Produkts leichter Kontakte zu knüpfen (isolierend/verbindend, bringt mich den Leuten näher/trennt mich von Leuten).

Der AttrakDiff2 passt sehr gut für Produkte, die ein Nutzer selbst aussucht bzw. erwirbt und die eher für Freizeitaktivitäten als für wirkliches Arbeiten genutzt werden.

Völlig unpassend ist er z.B. für beruflich genutzte Produkte, z.B. ein CRM (Customer Relationship Management) oder ERP (Enterprise Resource Planning) System, welches von Mitarbeitern einer Firma zur Steuerung betriebswirtschaftlicher Abläufe genutzt wird. Solche Systeme werden nicht vom Mitarbeiter, sondern von der Firma ausgewählt, d.h. eine Skala wie *Identität* macht hier offensichtlich keinen Sinn. Niemand wird sich ernstlich mit dem ERP System seiner Firma identifizieren und erwarten, dass er damit nach außen hin Ansehen gewinnen kann.

Auch einige der Items des AttrakDiff2, z.B. *bringt mich den Leuten näher/entfernt mich von Leuten* oder *isolierend/verbindend*, wirken in diesem Kontext unsinnig oder sogar ungewollt komisch. D.h. im Kontext betriebswirtschaftlicher Produkte macht dieser Fragebogen offenbar keinen Sinn, zumindest ist die Dimension *Identität* nicht wirklich sinnvoll und die starke Gewichtung in Bezug auf hedonische Faktoren ist ebenfalls eher hinderlich. Nur 7 von 28 Items messen pragmatische Qualität, was bei dieser Art von Produkten das definitiv wichtigste Qualitätsmerkmal ist.

Einer der Vorteile des AttrakDiff2 ist aber, dass er überhaupt hedonische Aspekte systematisch berücksichtigt. Der AttrakDiff2 war der erste UX Fragebogen, der diese Aspekte wirklich ernsthaft einschloss. Der Wunsch, die hedonischen Aspekte sinnvoll zu messen und die oben geschilderten Nachteile des AttrakDiff2 im Bereich betriebswirtschaftlicher Produkte, war Ausgangspunkt zur Entwicklung eines neuen, für diesen Bereich besser geeigneten Fragebogens (Laugwitz, Schrepp & Held, 2006).

Dieser neue Fragebogen (User Experience Questionnaire, kurz UEQ) erfasst ebenfalls *Attraktivität*, hedonische Qualitäten (zwei Skalen *Stimulation* und *Originalität*, die von der Bedeutung her im Wesentlichen der Skala *Hedonische Qualität Stimulation* des AttrakDiff2 entsprechen) und klassische Usability Kriterien (drei Skalen *Effizienz*, *Durchschaubarkeit* bzw. Erlernbarkeit und *Steuerbarkeit*). D.h. die pragmatischen UX Aspekte werden hier stärker gewichtet und auf die Skala *Identität*, die in Bezug auf betriebswirtschaftliche Produkte keinen Sinn macht, wird verzichtet.

Dieses Beispiel zeigt sehr schön, wie die Vielschichtigkeit von User Experience, zusammen mit der unterschiedlichen Wichtigkeit verschiedener UX Qualitätsaspekte für verschiedene Produkte, natürlicherweise zur Entwicklung neuer Fragebögen führt.

Es zeigt auch ganz klar, dass es den optimalen UX Fragebogen nicht gibt und nicht geben kann. Je nach Produkt wird man sinnvollerweise einen anderen Fragebogen zur Evaluation wählen. Für ein neues Smartphone oder ein anderes vom Nutzer ausgesuchtes oder stark personalisiertes Produkt den AttrakDiff2 (weil *Identität* hier einfach eine wichtige Eigenschaft ist), für ein beruflich genutztes Tool eher den UEQ (weil die klassischen Usability Aspekte hier sehr wichtig sind und daher in den Items stärker gewichtet sein sollten).

4.2 Wie sehen typische Items aus?

Es gibt eine Reihe gängiger Item-Formate, die in UX Fragebögen verwendet werden.

Ältere Fragebögen verwenden in der Regel Aussagen, für die der Nutzer seine Zustimmung oder Ablehnung auf einer mehrstufigen Skala ausdrücken kann.

Typische Beispiele sind:

- Ich würde die Unterstützung einer erfahrenen Person brauchen, um in der Lage zu sein, das Produkt zu benutzen. (SUS)

- Ich habe die Möglichkeit, die Menge der auf dem Bildschirm dargestellten Informationen (Daten, Graphiken, Texte, etc.) meinen Erfordernissen anzupassen. (ISOMETRICS)

Der Teilnehmer der Fragebogenstudie kann dann das Ausmaß seiner Zustimmung/Ablehnung auf einer mehrstufigen Skala ausdrücken. D.h. das Item (hier ein Item des VISAWI) sieht dann im Fragebogen in etwa so aus:

Das Layout wirkt zu gedrängt.

Stimme gar nicht zu o o o o o o o Stimme voll zu

Die Zahl der Stufen ist in der Regel ungerade, um eine neutrale Antwort in der Mitte zuzulassen. Hier gibt es von 3 Alternativen (z.B. SUMI), 5 Alternativen (z.B. SUS), 7 Alternativen (z.B. UEQ, AttrakDiff), bis 9 Alternativen (QUIS) eigentlich alle Varianten. Manche Fragebögen bieten noch eine zusätzliche Möglichkeit an, um auszudrücken, dass ein Item nicht passt, d.h. man sich der Antwort enthält.

Offenbar haben verschiedene Autoren von Fragebögen extrem unterschiedliche Ansichten bzgl. der Zahl der Antwortkategorien. Es fällt hier auch in der Tat schwer, eine optimale Anzahl anzugeben. Generell ist es natürlich so, dass eine Erhöhung der Antwortkategorien ein differenzierteres Urteil erlaubt. Allerdings wird es für den Teilnehmer auch kognitiv immer schwieriger und es ist in vielen Fällen fraglich, ob Teilnehmer zu einer derart genauen Unterscheidung überhaupt in der Lage sind (d.h. ob bei einer 9 stufigen Skala überhaupt ein wahrgenommener Unterschied vorliegt, wenn einmal die Kategorie 7 von links und einmal die Kategorie 8 von links angekreuzt wurde). Lässt man die Mehrheit der Fragebögen entscheiden, so scheint eine 7-stufige Antwortskala der Favorit zu sein, d.h. der beste Kompromiss zwischen einer differenzierten Bewertung und möglichst geringer kognitiver Komplexität für die Teilnehmer.

Es gibt zur Frage der optimalen Anzahl von Antwortkategorien eine reichhaltige Anzahl von Studien (eine gute Zusammenfassung findet man z.B. in Lewis & Erdinc, 2017). In solchen Studien wird in der Regel für einen gegebenen Fragebogen die Anzahl der Antwortkategorien variiert und dann untersucht, inwieweit sich die Ergebnisse der verschiedenen Fragebogen-Varianten unterscheiden. Fazit der Forschung zu diesem spannenden Thema ist, dass es keine praktisch bedeutsamen Unterschiede gibt, solange man sich im Rahmen von mehr als 5 Antwortkategorien bewegt. Die erwähnte Arbeit von Lewis & Erdinc (2017) verglich z.B. Antwortskalen mit 7-, 11- und 101-Stufen (eine als kontinuierliche Linie visualisierte Skala), konnte aber keine wirklich praktisch bedeutsamen Unterschiede in der Qualität der Ergebnisse finden.

Ein weiteres typisches Item-Format, dass sehr häufig in den moderneren Fragebögen verwendet wird, sind semantische Differentiale, hier z.b. ein Item des UEQ (Laugwitz, Schrepp & Held, 2006):

Attraktiv o o o o o o o Unattraktiv

D.h. man hat ein Gegensatzpaar, dass eine semantische Dimension beschreibt und kann über eine mehrstufige Antwortskala wählen, welcher Begriff auf das Produkt besser zutrifft.

Ein noch einfacheres Format bieten die MS Product Reaction Cards (Benedek & Miner, 2002). Diese bestehen aus Attributen, z.B. *Boring*, *Busy*, *Clean*, *Comfortable*. Der Teilnehmer entscheidet pro Attribut nur, ob dieses auf das evaluierte Produkt zutrifft oder nicht.

Semantische Differentiale haben den Vorteil, dass die Teilnehmer die Items mit wenig kognitivem Aufwand beantworten können. Wenn also der direkte, unmittelbare Eindruck nach der Nutzung eines Produkts gemessen werden soll und zugleich eine geringe Bearbeitungszeit für das Ausfüllen des Fragebogens wichtig ist, ist ein solches semantisches Differential ausformulierten Aussagen über das Produkt überlegen.

Allerdings gilt auch hier die alte Erkenntnis, dass es nichts umsonst gibt. Probleme dieses Item-Formats sind, dass die Items eines semantischen Differentials leichter falsch interpretiert werden können als komplexere Aussagen über das Produkt. Items werden immer im Kontext des gerade evaluierten Produkts interpretiert und damit können Begriffe unerwartete neue Bedeutungen bekommen.

Betrachten wir ein konkretes Beispiel. Nehmen wir an, wir haben ein Item *spart mir Zeit / kostet mich Zeit*. Im Kontext einer betriebswirtschaftlichen Software oder eines anderen Tools, steht dieses Item semantisch für *Effizienz* oder *Nützlichkeit*. Im Kontext eines sozialen Netzwerks kann dieses Item leicht anders interpretiert werden (und das ist hier kein rein hypothetisches Beispiel, sondern wirklich in einer konkreten Befragung passiert), im Sinne von „das soziale Netzwerk kostet mich wertvolle Lebenszeit, weil es so interessant ist und ich viel zu oft Zeit darin verbringe". Wie man direkt sieht, bedeutet die gleiche Antwort einer Person hier unterschiedliches bzgl. der UX Qualität.

Natürlich können auch Aussagen wie „*Das Layout wirkt zu gedrängt*" unter Umständen falsch interpretiert werden. Das Risiko ist hier aber deutlich kleiner.

Bei semantischen Differentialen ist es daher auch extrem wichtig, dass Teilnehmer den Fragebogen in ihrer Muttersprache ausfüllen, d.h. der Fragebogen in einer ausreichenden Zahl von Sprachen vorliegt.

Ein weiterer Unterschied, der den Vergleich verschiedener Fragebögen etwas erschwert, ist die Formulierung der Items. Einige Fragebögen verwenden Items, die eher allgemein einen Qualitätsaspekt formulieren (z.B. die beiden Items oben). In anderen Fällen beschreiben Items sehr spezielle Produkteigenschaften, z.B. *Die Software bietet mir eine Wiederhol-Funktion für wiederkehrende Arbeitsschritte* (ISOMETRICS).

Für einen Standardfragebogen, der für möglichst viele Produkte anwendbar sein sollte, ist natürlich eine eher allgemeine Formulierung der Items wünschenswert. Werden Items zu speziell formuliert, treffen sie natürlich nur auf wenige Produkte zu, d.h. sind für andere Produkte entweder unsinnig oder gar irreführend. Das lässt sich schon ganz leicht an dem obigen Beispiel aus dem ISOMETRICS (Willumeit, Gediga & Hamborg, 1996) erkennen. Das Item passt für Produkte, die man professionell nutzt, d.h. bei denen man Aufgaben abarbeitet. Für die Bewertung einer Web-Seite, auf der man im wesentlichen Informationen sucht, wirkt das Item aber eher befremdlich.

Ein weiterer Punkt, in dem sich vorhandene Fragebögen unterscheiden, ist die Anordnung der Items. Bringt man alle Items einer Dimension direkt hintereinander, evtl. noch mit einem einleitenden Satz der den Kontext der Dimension herstellt (dies ist z.B. im ISOMETRICS der Fall). Oder randomisiert man die Reihenfolge der Items, wie z.B. im UEQ oder AttrakDiff2? Beide Vorgehensweisen haben Vor- und Nachteile, so dass man hier keine klare Empfehlung abgeben kann. Eine Randomisierung der Reihenfolge führt dazu, dass Items einer Skala eher unabhängig voneinander beantwortet werden. Andererseits haben die Items keinen gemeinsamen Kontext und es kann daher leichter passieren, dass ein Item falsch interpretiert wird. Der eine Effekt steigert die Messgenauigkeit einer Skala, der andere senkt diese.

Ähnliches gilt auch für die Reihenfolge der Begriffe bei semantischen Differentialen. Soll man hier immer den negativen Begriff links und den positiven rechts anordnen? Oder randomisiert man auch hier? Auch hier gibt es keine eindeutige Empfehlung. Die feste Reihenfolge macht es für den Befragten leichter, den Fragebogen auszufüllen und vermindert Zufallsfehler, die daraus resultieren, dass die geänderte Reihenfolge bei einigen Items übersehen wird und damit falsch angekreuzt wird. Auf der anderen Seite kann man bei einer randomisierten Reihenfolge relativ leicht erkennen (Schrepp, 2016), ob eine Person ohne die Items gründlich zu lesen nur schnell ankreuzt, d.h. man kann nicht sorgfältig ausgefüllte Fragebögen leicht ausfiltern.

4.3   Was bedeuten die Skalen?

Der Name einer Skala definiert leider oft nicht eindeutig, was die Skala konkret misst. Dies zeigt erst ein Blick auf die konkreten Items. Der UEQ und der AttrakDiff2 beinhalten z.B. beide eine Skala *Stimulation*. Betrachten wir die dieser Skala jeweils zugeordneten Items:

- **AttrakDiff2:** phantasielos / kreativ, originell / konventionell, innovativ / konservativ, neuartig / herkömmlich, mutig / vorsichtig, harmlos / herausfordernd, lahm / fesselnd

- **UEQ:** uninteressant / interessant, langweilig / spannend, aktivierend / einschläfernd, wertvoll / minderwertig

Beide Konzepte von *Stimulation* sind verwandt, aber offenbar nicht identisch. Die ersten 4 Items der Skala Stimulation des AttrakDiff2 beschreiben den Aspekt der kreativen und ungewöhnlichen Gestaltung. Dieser Aspekt ist im UEQ in einer eigenen Skala *Originalität* beschrieben. Die anderen drei Items beschreiben, wie drei der UEQ Stimulations-Items, dass die Interaktion mit dem Produkt als anregend empfunden wird. D.h. die Skala *Stimulation* im AttrakDiff2 ist eine Kombination der Skalen *Stimulation* und *Originalität* des UEQ[2]. Ähnliche Beispiele lassen sich auch in anderen Fragebögen finden, d.h. der Skalenname beschreibt die inhaltliche Bedeutung einer Skala oft nur sehr vage.

Ein verwandtes Problem ist, dass identische oder zumindest sehr ähnliche Items unterschiedlichen Skalen zugeordnet sein können. Betrachten wir als Beispiel Items, die den Aspekt der kreativen Gestaltung erfassen:

- kreativ/phantasielos (UEQ, Skala *Originalität*)
- Das Produkt ist kreativ gestaltet (meCue, Skala *Visuelle Ästhetik*)
- phantasielos/kreativ (Attrakdiff2, Skala Stimulation)
- Die Gestaltung wirkt einfallslos (VISAWI, *Ästhetik Subskala Vielfalt*)
- The Web site is creative (WEBQUAL, Skala *Innovation*)

Wie kommen diese unterschiedlichen Zuordnungen ähnlicher Items zu unterschiedlichen Skalen und die Benennungen der Skalen zustande? UX Fragebögen werden häufig über Faktorenanalysen konstruiert. Hier beginnt man mit einer Ausgangsmenge potentieller Items. Diese werden dann Personen zur Beurteilung von Produkten vorgelegt. Die erhobenen Daten werden einer

---

[2] Es ist wichtig festzuhalten, dass keine der beiden Arten mit dem Konzept *Stimulation* umzugehen, richtig oder falsch ist! Eine originelle Gestaltung weckt das Interesse des Nutzers und macht die Interaktion mit einem Produkt interessanter. D.h. man kann *Originalität* als Teil eines allgemeinen Konzepts *Stimulation* auffassen. Ebenso kann man natürlich beide Teilkonzepte separat erfassen und daher zwei getrennte Skalen verwenden.

Faktorenanalyse unterzogen, die eine Reihe von Faktoren (zunächst unbenannte hypothetische Dimensionen) und eine Zuordnung von Items zu diesen Faktoren liefert. Die Faktoren werden dann anhand der Gemeinsamkeiten der Items im Faktor benannt, wobei der Konstrukteur des Fragebogens bei der Benennung völlig frei ist.

Die Zahl der ermittelten Faktoren und die Zuordnung der Items zu diesen Faktoren basieren auf den Korrelationen der Items. Diese sind aber von den evaluierten Produkten abhängig, da die Items natürlich im Kontext dieser Produkte interpretiert werden. D.h. wenn man mit der gleichen Menge von Items verschiedene Produkte bewerten lässt, können die Korrelationen der Items und damit auch die gefundene Faktorenstruktur variieren. D.h. ein Item kann je nach bewertetem Produkt einmal mit einer Gruppe von Items hoch korrelieren und einmal mit einer anderen. Je nach Art der untersuchten Produkte kann man z.B. mit zwei Faktoren *Originalität* und *Stimulation* oder mit einem allgemeinen Faktor *Stimulation* (auf dem Items mit beiden Bedeutungen laden) enden.

Aus diesem Grund ist es eine gute Praxis, bei der Konstruktion eines Fragebogens eine größere Menge von unterschiedlichen Produkten mit den gleichen Items beurteilen zu lassen. Das entschärft das Problem zwar, kann es aber nicht prinzipiell vermeiden. Die Zahl der Produkte, die man untersuchen kann, ist natürlich begrenzt und die konkrete Auswahl dieser Produkte spielt damit trotzdem noch eine Rolle.

Ein Vorteil dieser datenanalytischen Erzeugung von Fragebögen ist, dass die konstruierten Skalen empirische Relevanz haben. Ein Nachteil ist die Abhängigkeit der Faktorstruktur von der bei der Fragebogenkonstruktion untersuchten Menge von Produkten. Ein weiteres Problem ist, dass die konstruierten Skalen semantisch nicht immer klar abgegrenzt sind, d.h. aus Items bestehen, die semantisch unterschiedliche Qualitäten erfassen.

4.4   Qualitätskriterien für User Experience Fragebögen

Was haben ein UX Fragebogen, ein psychologischer Persönlichkeitsfragebogen, eine Personenwaage und ein Metermaß gemeinsam? Es sind alles Messinstrumente für verschiedene Qualitäten.

Bei einem Metermaß oder einer Personenwaage machen wir uns in der Regel keine Gedanken, was eigentlich gemessen wird und wir akkurat die Messung eigentlich ist. Natürlich wird beim Metermaß eine Länge gemessen und bei der Personenwaage das Gewicht einer Person. Was sonst? Zusätzlich sind uns die Begriffe Länge und Gewicht inhaltlich völlig klar, d.h. hier müssen wir nicht nachdenken, was diese eigentlich bedeuten.

Auch in Bezug auf die Genauigkeit der Messung haben wir hier eigentlich keine Unklarheiten. Niemand wird ernsthaft erwarten, mit einem normalen Metermaß eine Länge auf den hundertstel Millimeter genau messen zu wollen. Eine Genauigkeit von einem Millimeter werden wir uns aber alle bei etwas gutem Willen zutrauen. Auch bei der Waage gibt es vielleicht gelegentlich Zweifel an der Genauigkeit der Ergebnisse (wobei die meist aus dem Wunsch resultieren, dass das angezeigte Ergebnis doch bitte nicht der Wahrheit entsprechen möge). Aber wenn wir keinen Grund zur Annahme haben, die Waage sei defekt, werden wir das Ergebnis zähneknirschend akzeptieren.

Bei Persönlichkeitsfragebögen oder auch UX Fragebögen ist die Sache nicht so klar. Erstens sind die gemessenen Qualitäten hier nicht so eindeutig definiert. Was genau versteht man unter *Introversion* als Persönlichkeitseigenschaft oder unter *Stimulation* als UX Qualität. Hier dauert ein sauberes Herausarbeiten der Begrifflichkeiten seine Zeit. Die Psychologie ist bei der Klärung solcher Grundbegriffe (teilweise) schon etwas weiter fortgeschritten als die Forschung zu UX (na ja, die hatten auch deutlich mehr Zeit und hier ändern sich Dinge auch nicht so rasant wie beim Produktdesign), aber auch hier ist immer zu hinterfragen, ob ein Fragebogen auch wirklich die Qualitäten misst, die er zu messen vorgibt.

Für die Bewertung der Qualität psychologischer Tests wurden eine Reihe von Gütekriterien erarbeitet, die sich (teilweise) auf UX Fragebögen übertragen lassen. Die wichtigsten Gütekriterien (z.B. Horst, 1971) sind:

- *Objektivität:* Objektivität bedeutet, dass das Messergebnis des UX Fragebogens weitgehend unabhängig vom Durchführenden und von den Details der Durchführung ist. Insbesondere sollte die Auswertung und Interpretation der Ergebnisse nicht von der Person abhängen, die diese Auswertung vornimmt.

- *Reliabilität:* Die Reliabilität gibt an, wie genau eine Skala eines UX Fragebogens misst. Die Grundidee ist eigentlich ganz einfach. Nehmen wir mal an, wir könnten eine Messung mit der gleichen Person und dem gleichen Produkt zweimal unabhängig hintereinander durchführen (was praktisch ja nicht möglich ist, da sich die Person an das erste Ausfüllen des Fragebogens erinnern wird und dadurch natürlich beim zweiten Mal beeinflusst ist). Dann würden wir erwarten, dass wir nahezu gleiche Ergebnisse bekommen (kleine Unterschiede können natürlich durch zufällige Fehler beim Beantworten zustande kommen). D.h. eine Skala ist reliabel oder zuverlässig, wenn bei wiederholtem Messen immer in etwa das gleiche Ergebnis herauskommt.

- **Validität:** Eine Skala ist valide, wenn Sie auch genau das misst, was sie vorgibt zu messen. D.h. wenn die zu messende UX Qualität auch durch die Items abgedeckt wird. Eine Skala zur Messung der *Effizienz* eines Produkts sollte auch auf Unterschiede zwischen Produkten in Bezug auf diese Eigenschaft reagieren, d.h. bei unterschiedlich effizienten Produkten auch unterschiedliche Messergebnisse produzieren.

Wird ein neuer UX Fragebogen veröffentlicht, so machen sich dessen Autoren in der Regel Gedanken dazu, inwieweit ihr Fragebogen diese Kriterien erfüllt.

In Bezug auf die Objektivität hat man bei standardisierten UX Fragebögen in der Regel kein Problem. Bei der Durchführung muss man natürlich (wie bei jeder empirischen Methode) aufpassen, dass man die Teilnehmer nicht unabsichtlich beeinflusst (dazu wird im Kapitel zur Datenauswertung noch einiges gesagt werden). Die Auswertung und Interpretation der Ergebnisse ist aber in der Regel in einem Handbuch zum Fragebogen oder einer wissenschaftlichen Publikation schon vorgegeben, d.h. hier hat man als Durchführender keinen Raum für eigene Interpretationen (es sei denn man versteht was falsch!). Objektivität ist also bei UX Fragebögen in der Regel kein wirkliches Problem.

In Bezug auf Reliabilität und Validität werden von den Autoren des UX Fragebogens meist einige Studien durchgeführt, mit denen man versucht nachzuweisen, dass der Fragebogen diese Eigenschaften hat. Dabei wird die Reliabilität meist als interne Konsistenz einer Skala bestimmt, d.h. das Ausmaß in dem alle Items der Skala die gleiche UX Qualität messen. Oft wird der Alpha-Coeffizient von Cronbach (1951) als Index für die Reliabilität einer Skala angegeben, der im Wesentlichen auf der Höhe der mittleren Korrelation aller Items einer Skala basiert. Für die Validität wird oft die Korrelation zu einem Außenkriterium angegeben. Zum Beispiel zu Ergebnissen einer schon vorhandenen Skala eines anderen Fragebogens, die das gleiche messen soll, oder zu anderen Daten, die den von der Skala repräsentierten UX Aspekt repräsentieren.

Allerdings gibt es zwischen psychologischen Fragebögen und UX Fragebögen einen kleinen Unterschied, der die Interpretation der Ergebnisse solcher Studien deutlich erschwert und auf den in den entsprechenden Studien zum Fragebogen leider meist nicht hingewiesen wird.

Ein psychologischer Fragebogen misst typischerweise Eigenschaften (Introversion, Neurotizismus, Intelligenz, etc.) einer Person. D.h. die Ergebnisse des Fragebogens für eine einzelne Person sind das Resultat was interpretiert wird und daher genau gemessen werden muss.

Ein UX Fragebogen misst den Eindruck einer Zielgruppe zur UX eines Produkts. Hier ist man eigentlich nie an der Meinung einer einzelnen Person interessiert, sondern nur am Mittelwert über alle Personen in der Zielgruppe. Hier muss der Mittelwert einer Skala über alle Personen genau gemessen werden, d.h. dieser Skalenmittelwert ist der Wert, der genau gemessen und interpretiert werden soll.

Eine Messung mit einem UX Fragebogen erfolgt daher immer zu einem Produkt und dieses Produkt definiert den Kontext, in dem die Items des Fragebogens interpretiert werden. Die Interpretation eines Items hängt also in gewisser Weise auch vom untersuchten Produkt ab, was die Verallgemeinerung von Ergebnissen zur Reliabilität und Validität über Produkttypen hinweg erschwert.

Schauen wir uns man ein typisches Beispiel an, in dem der Einfluss des Produkts klar wird. Nehmen wir mal an, ein Fragebogen enthält zwei Items *„kostet mich Zeit / spart mir Zeit"* und *„langsam / schnell"*, die zusammen mit den anderen Items des Fragebogens auf einer 7-stufigen Skala bewertet werden. Der Fragebogen wird jetzt auf ein betriebswirtschaftliches Produkt angewendet. In diesem Kontext werden vermutlich fast alle Befragten beide Items als Beschreibungen von Effizienz interpretieren, d.h. je nach ihrer Meinung zum Produkt ähnliche Urteile bei beiden Items abgeben. Beide Items weisen daher vermutlich im Kontext betriebswirtschaftlicher Produkte eine hohe Korrelation auf.

Was passiert aber, wenn man ein soziales Netzwerk mit dem Fragebogen untersucht. Hier kann man das Item *„kostet mich Zeit / spart mir Zeit"* auch als *„Das soziale Netzwerk ist so interessant, dass ich hier viel zu lang drin rumhänge, das kostet mich viel zu viel Lebenszeit"* interpretieren und ein Teil der Befragten wird dies vermutlich auch tun. D.h. in diesem Kontext interpretiert ein Teil der Befragten ein Item anders als vorgesehen und die Korrelation beider Items wird damit deutlich geringer sein. Damit verringert sich aber auch die interne Konsistenz der Skala und damit ihre Messgenauigkeit.

Nun ist dies ein recht drastisches Beispiel. Aber auch für eigentlich sehr eindeutig erscheinende Items werden sich je nach untersuchtem Produkt immer leichte Unterschiede in der Interpretation ergeben. Diese haben natürlich einen Einfluss auf die Korrelationen zwischen Items und damit auf die Reliabilität einer Skala.

Nun was will ich mit diesem Exkurs eigentlich sagen? Angaben zur Reliabilität eines UX Fragebogens sind immer mit Vorsicht zu genießen! Auch wenn eine Reihe von Studien vorliegt, die zeigen, dass die Reliabilität der Skalen ausreichend ist, so ist man nie davor gesichert, dass dies für andere Arten von Produkten auch gilt. D.h. solche Angaben zur Reliabilität sind hier eigentlich keine Eigenschaften der Skala oder des Fragebogens (obwohl sie meist so beschrieben werden), sondern nur relativ zum Typ des in der Studie bewerteten Produkts zu sehen.

Das schöne ist, dass man bei UX Fragebögen bei einer geringen Reliabilität einer Skala nicht wirklich in Panik verfallen muss. Wir sind hier ja in der komfortablen Situation, dass wir nur Skalenmittelwerte über eine Menge von Personen interpretieren. Auch wenn die Skala pro Person wenig reliabel ist, wird der Mittelwert über eine größere Gruppe sehr stabil sein. D.h. vom praktischen Standpunkt kann man dieses Problem recht entspannt sehen. Man kann hier also auch leicht mit UX Skalen arbeiten, die ein vergleichsweise geringes Level an Reliabilität aufweisen (die Reliabilitätsangaben, z.B. der häufig verwendete Cronbach Alpha Coeffizient beziehen sich ja immer auf die Genauigkeit der Messung für eine einzelne Person).

Eine Bestimmung der Validität einer Skala eines UX Fragebogens setzt zwei Dinge voraus. Erstens muss man die inhaltliche Bedeutung des von der Skala gemessenen UX Aspekts klar verstanden und formuliert haben. Da Fragebogenkonstruktion ein langwieriger Prozess ist und hier von Seiten der Autoren eines Fragebogens meist sehr viel Aufwand investiert wird, ist das in der Regel bei veröffentlichten Fragebogenskalen der Fall.

Für die Prüfung der Validität braucht man dann aber einen Vergleich mit einem Außen-Kriterium. Hier wird es dann praktisch meist sehr schwierig, da man nur sehr schwer Produkte finden kann, die sich systematisch in Bezug auf ein UX Kriterium unterscheiden (und irgendwie muss man das auch nachweisen, wozu man wieder eine Messmethode braucht) und an deren Messung mit dem der Skala man dann nachweisen kann, dass sich diese wie vorgesehen verhält, d.h. sich die Unterschiede auch in den gemessenen Skalenwerten widerspiegeln.

Meist werden aus diesem Grund hier nur einige wenige Ergebnisse zur Validierung berichtet. Allerdings sind die UX Aspekte in der Regel auch nicht zu mysteriös oder unverständlich formuliert, d.h. man kann im Sinne einer „Augenschein-Validität" auch schnell ein intuitives Gefühl entwickeln, ob die Items der Skala den behaupteten Aspekt auch repräsentieren oder von befragten Nutzern auch im Sinne dieses Aspekts interpretiert werden. Das ersetzt zwar nicht einen sauberen Nachweis der Validität, aber für eine praktische Anwendung gibt es einem UX Researcher doch einen gewissen Einblick über die Brauchbarkeit einer Skala für seine Fragestellung.

5 Einige Fragebögen im Detail

Schauen wir uns jetzt mal einige verbreitete UX Fragebögen etwas näher an. Es macht keinen Sinn zu versuchen, eine komplette Übersicht aller vorhandenen Fragebögen zu geben. Erstens würde die Liste extrem lang, zweitens wäre sie schnell veraltet, da immer neue Fragebögen entstehen.

Für die Auswahl der besprochenen Fragebögen wurden drei Kriterien herangezogen. Erstens die vermutete Verbreitung und Wichtigkeit (da es darüber keine gesicherten Daten gibt, habe ich das mal geschätzt). Zweitens die Originalsprache des Fragebogens. Hier habe ich versucht, zumindest die vorhandenen deutschsprachigen Fragebögen möglichst komplett aufzunehmen. Drittens habe ich versucht, für jeden Typ von Fragebogen mindestens einen Vertreter aufzunehmen.

Um die Übersicht etwas zu strukturieren, teilen wir die vorhandenen Fragebögen in drei Kategorien ein.

- *Reine Usability Fragebögen*: Die klassischen Fragebögen, die sich an reinen Usability Kriterien orientieren (oft an denen der ISO Norm 9241), z.B. *Effizienz*, *Steuerbarkeit*, *Erlernbarkeit*.

- *User Experience Fragebögen*: Berücksichtigen neben Usability Kriterien auch User Experience Kriterien, z.B. *Stimulation*, *Originalität*, *Identität*.

- *Spezielle Fragebögen*: Konzentrieren sich auf die Messung einzelner UX Aspekte, z.B. auf das visuelle Design, oder haben ein sehr spezielles Format.

5.1 Reine Usability Fragebögen

5.1.1 System Usability Scale (SUS)

Die Originalpublikation kündigt diesen Fragebogen als *„a quick and dirty usability scale"* an. Trotz dieser ziemlich skeptischen Selbstbeurteilung ist der SUS (Brooke, 1996) vermutlich der meist benutzte UX Fragebogen. Das liegt sicher auch daran, dass eine SUS Befragung mit 10 Items recht schnell durchgeführt werden kann, d.h. der SUS wirklich „quick" ist.

Der SUS liefert nur einen Gesamtwert zurück, d.h. misst keine einzelnen UX Aspekte. Die SUS Items sind kurze Statements, z.B.:

- Ich würde die Unterstützung einer erfahrenen Person brauchen, um in der Lage zu sein, das Produkt zu benutzen.

- Es gibt in dem Produkt zu viele Inkonsistenzen.

- Ich finde, dass die verschiedenen Funktionen des Produkts gut integriert sind.

Die Items können auf einer 5-stufigen Zustimmungs-/Ablehnungs-Skala beurteilt werden.

Die Items des SUS erfassen im Wesentlichen die leichte *Erlernbarkeit* und *Durchschaubarkeit* eines Produkts. Andere UX Aspekte wie *Effizienz* und *Steuerbarkeit* werden nur mit jeweils einem Item erfasst. Wenn die leichte Erlernbarkeit also das zentrale Evaluationsziel ist, ist der SUS der ideale Fragebogen. Will man zusätzlich andere UX Aspekte erfassen, so ist der SUS nicht besonders gut geeignet.

Für den SUS existiert ein Benchmark, mit dem man sein Ergebnis mit den Ergebnissen anderer Evaluationen vergleichen kann. Der Fragebogen selbst kann frei verwendet werden.

5.1.2   Software Usability Measurement Inventory (SUMI)

Ebenfalls ein schon etwas älterer Fragebogen. Der SUMI (Kirakowski & Corbett, 1993) besteht aus 50 Items, die 5 Skalen zugeordnet sind.

Die Skalen sind mit *Effizienz* (*Efficiency*), *Affekt* (*Affect*), *Unterstützung* (*Helpfulness*), *Steuerbarkeit* (*Control*) und *Erlernbarkeit* (*Learnability*) bezeichnet. Die Items sind Aussagen zum Produkt, die die Teilnehmer mit „stimme zu", „stimme nicht zu" und „weiß nicht" bewerten können.

Kommt der SUS mit dem Statement *„a quick and dirty usability scale"* erfreulich bescheiden daher, so wird beim SUMI ein etwas anderes Selbstbild vermittelt. Auf der Home Page des Fragebogens (http://sumi.uxp.ie/) wird der SUMI als „*The de facto industry standard evaluation questionnaire for assessing quality of use of software by end users*" beschrieben. Sicher ist dieses etwas vollmundige und meines Erachtens ziemlich gewagte Statement (ich kenne komischerweise nur wenige UX Professionals, die jemals mit dem SUMI gearbeitet haben) auch der Tatsache geschuldet, dass die Nutzung des SUMI kostenpflichtig ist (und einen de facto Standard kauft man eben lieber als ein „quick and dirty" Produkt).

Beispiele für Items[3]:

- I think this software is inconsistent.

- The software documentation is very informative.

- This software responds too slowly to inputs.

- If this software stops, it is not easy to restart it.

---

[3] Deutsche Übersetzung der englischen Items: „Ich denke, dass diese Anwendung inkonsistent ist", „Die Dokumentation der Anwendung ist sehr informativ", „Diese Anwendung reagiert zu langsam auf Eingaben", „Wenn die Anwendung abstürzt, ist es schwierig sie neu zu starten", „Die Arbeit mit der Anwendung ist mental anregend", „Die Anwendung bereitet mir gelegentlich Kopfschmerzen".

- Working with this software is mentally stimulating.
- I think this software has made me have a headache on occasion.

Die Zuordnung der Items zu den einzelnen Skalen ist nicht frei verfügbar (wohl um zu vermeiden, dass man sich die Lizenzgebühren spart). Dieser Punkt ist recht problematisch, da es damit nicht wirklich klar wird, was die einzelnen Skalen wirklich inhaltlich repräsentieren.

Die hohe Zahl der Items macht die Anwendung des SUMI für den Teilnehmer einer Studie nicht gerade angenehm. Zusätzlich sieht man einigen Items an, dass der SUMI aus einer Zeit stammt, in der Smart-Phones, Tablets oder Web-Services nicht so weit verbreitet waren. Items wie „If this software stops, it is not easy to restart it" oder „The software documentation is very informative" wirken doch angesichts der heutigen Qualitätsstandards für Produkte etwas angestaubt.

Andererseits sind schon einige Items enthalten, die eher hedonischen Aspekten entsprechen, z.B. „Working with this software is mentally stimulating", was für einen derart alten Fragebogen nicht selbstverständlich ist.

Für den SUMI ist ebenfalls ein Benchmark bzw. eine Standardisierung der Skalen vorhanden. Damit kann man sein Ergebnis leicht in Beziehung zu den Ergebnissen anderer Produkte setzen, die mit dem SUMI evaluiert wurden. Auch hier sind leider keine genaueren Informationen offen publiziert.

Weitere Informationen zum SUMI finden sich auf der offiziellen Home Page http://sumi.uxp.ie/.

5.1.3 ISONORM

Wie der Name schon vermuten lässt, versucht der ISONORM Fragebogen (Prümper, 1997) die in der ISO 9241 formulierten Usability Aspekte (*Lernförderlichkeit*, *Selbstbeschreibungsfähigkeit*, *Erwartungskonformität*, *Aufgabenangemessenheit*, *Individualisierbarkeit*, *Fehlertoleranz*, *Steuerbarkeit*) abzudecken.

Die 35 Items bestehen aus gegensätzlichen Aussagen. Der Nutzer kann auf einer 7-stufigen Skala einschätzen, welche der Aussagen eher auf das Produkt zutrifft.

Beispiele für Items:

Die Software ...

erschwert die Orientierung durch eine uneinheitliche Gestaltung	o o o o o o o	erleichtert die Orientierung durch eine einheitliche Gestaltung	(*Erwartungskonform*)
erfordert viel Zeit zum Erlernen	o o o o o o o	erfordert wenig Zeit zum Erlernen	(*Lernförderlich*)
liefert in unzureichendem Maße Informationen darüber, welche Eingaben zulässig oder nötig sind	o o o o o o o	liefert in zureichendem Maße Informationen darüber, welche Eingaben zulässig oder nötig sind	(*Selbstbeschreibungsfähig*)
ist schlecht auf die Anforderungen der Arbeit zugeschnitten	o o o o o o o	ist gut auf die Anforderungen der Arbeit zugeschnitten	(*Aufgabenangemessen*)
ist so gestaltet, dass kleine Fehler schwerwiegende Folgen haben können	o o o o o o o	ist so gestaltet, dass kleine Fehler keine schwerwiegenden Folgen haben können	(*Fehlertolerant*)
erzwingt eine unnötig starre Einhaltung von Bearbeitungsschritten	o o o o o o o	erzwingt keine unnötig starre Einhaltung von Bearbeitungsschritten	(*Steuerbar*)
lässt sich von mir schlecht an meine persönliche, individuelle Art der Arbeitserledigung anpassen	o o o o o o o	lässt sich von mir gut an meine persönliche, individuelle Art der Arbeitserledigung anpassen	(*Individualisierbar*)

Die Durchführung einer Befragung mit dem ISONORM erfordert eine gewisse Leidensfähigkeit bei den Teilnehmern. Erstens ist die Zahl der zu beantwortenden Fragen recht hoch. Zweitens sind viele der Fragen für einen UX Laien, d.h. einen normalen Nutzer eines Produkts, nicht gerade einfach zu verstehen („liefert in unzureichendem Maße Informationen darüber, welche Eingaben zulässig oder nötig sind"). Einige der Items sind auch in einer sehr sperrigen und schwer lesbaren Art formuliert.

Der Fragebogen ist daher eher zur Beurteilung eines Produkts durch Experten geeignet oder für Szenarien, in denen professionelle Tester ein Produkt testen und beurteilen.

5.1.4 ISOMETRICS

Auch dieser Fragebogen orientiert sich an den Kriterien der ISO 9241. Der ISOMETRICS (Willumeit, Gediga & Hamborg, 1996) besteht aus 75 Items, die den Skalen *Erlernbarkeit, Selbstbeschreibungsfähigkeit, Erwartungskonformität, Aufgabenangemessenheit, Individualisierbarkeit, Fehlerrobustheit* und *Steuerbarkeit* zugeordnet sind.

Die Items sind als Aussagen formuliert, die man auf einer 5-stufigen Antwortskala bewerten kann. Zusätzlich kann zu jeder Aussage angegeben werden (ebenfalls auf einer 5-stufigen Skala), wie wichtig dieser Aspekt für die Gesamtbeurteilung des Produkts ist. Das verdoppelt zwar die Anzahl der notwendigen Fragen, erlaubt aber auch die Antworten zu gewichten und dadurch zu einer besseren Schätzung des Gesamteindrucks zu kommen.

Die Bewertung der Wichtigkeit ist auch eine gute Möglichkeit direkt in den Daten zu erkennen, ob bestimmte UX Aspekte bzw. Items für das evaluierte Produkt besonders relevant sind.

Beispiele für Items:

* Gleiche Funktionen lassen sich in allen Teilen der Software einheitlich ausführen. (*Erwartungskonformität*)

* Es hat lange gedauert bis ich die Bedienung der Software gelernt habe. (*Erlernbarkeit*)

* Es müssen zu viele Eingabeschritte für die Bearbeitung mancher Aufgaben durchgeführt werden. (*Aufgabenangemessenheit*)

* Ich habe die Möglichkeit, die Menge der auf dem Bildschirm dargestellten Informationen (Daten, Graphiken, Texte, etc.) meinen Erfordernissen anzupassen. (*Individualisierbarkeit*)

* Fehler bei der Eingabe von Daten (z.B. in Bildschirmmasken oder Formulare) können leicht rückgängig gemacht werden. (*Fehlerrobustheit*)

* Es ist für mich unmittelbar ersichtlich, was die Befehle des Systems bewirken. (*Selbstbeschreibungsfähigkeit*)

* Die Software erlaubt es einen laufenden Vorgang abzubrechen. (*Steuerbarkeit*)

Auch hier gilt, dass die Beantwortung des Fragebogens mit nicht unerheblichem Aufwand für den Teilnehmer verbunden ist. Die Fragen sind hier etwas einfacher formuliert als beim ISONORM, aber wegen der hohen Zahl an Fragen ist der ISOMETRICS auch eher für professionelle Tester geeignet, als für die Befragung typischer Nutzer.

5.1.5 Questionnaire for User Interaction Satisfaction (QUIS)

Ebenfalls ein schon etwas älterer Fragebogen. Der QUIS (Chin, Diehl & Norman, 1988) enthält 27 Items, die den Skalen *Erlernbarkeit* (*Learning*), *Terminologie und Systemstatus* (*Terminology & System Info*), *Systemfunktionen* (*System Capabilities*), *Bildschirm* (*Screen*) und *Gesamturteil* (*Overall Reaction*) zugeordnet sind. Die Items sind eine Mischung aus einem kurzen Text, der das Item erklärt, und zwei gegensätzlichen Attributen, die die beiden Extrempole beschreiben. Die Items können auf einer 9-stufigen Skala bewertet werden.

Beispiele für Items[4]:

- Characters on the computer screen: hard to read / easy to read
- Sequence of screens: confusing / very clear
- Use of terms throughout the system: consistent / inconsistent
- Exploring new features be trial and error: difficult / easy

Die Interpretation der Skalen *Systemfunktionen* und *Bildschirm* ist nicht wirklich einfach. Beide Skalen enthalten Items mit zum Teil sehr unterschiedlicher Bedeutung, z.B.:

Systemfunktionen[5]:

- System speed: too slow / fast enough
- Designed for all levels of users: never / always
- Correcting your mistakes: difficult / easy

Bildschirm[6]:

- Organization of information: confusing / very clear
- Highlighting simplifies task: not at all / very much

---

[4] Deutsche Übersetzung der englischen Items: „Zeichen auf dem Bildschirm: schwer zu lesen / leicht zu lesen", „Reihenfolge der Eingabemasken: verwirrend / sehr klar", „Verwendung von Begriffen im gesamten System: konsistent / inkonsistent", „Erforschen neuer Bereiche durch Versuch und Irrtum: schwierig / einfach".

[5] Deutsche Übersetzung der englischen Items: „Systemgeschwindigkeit: zu langsam / schnell genug", „Berücksichtigt Bedürfnisse verschiedener Benutzergruppen: ja / nein", „Korrigieren von gemachten Fehlern: schwer / einfach".

[6] Deutsche Übersetzung der englischen Items: „Organisation von Informationen: verwirrend / sehr klar", „Gute Verwendung von Hervorhebungen vereinfachen die Aufgabe des Nutzers: gar nicht / sehr häufig".

Der QUIS ist nicht frei verfügbar. Für die Anwendung ist eine Lizenz erforderlich. Weitere Infos findet man auf der Homepage des QUIS Fragebogens http://lap.umd.edu/quis/.

5.1.6 Purdue Usability Testing Questionnaire (PUTQ)

Ein mit 100 Items extrem langer Fragebogen. Die Items des PUTQ (Lin, Choong & Salvendy, 1997) sind kurze Aussagen zum Produkt, die auf einer 7-stufigen Antwortskala beurteilt werden können. Die Items sind 8 Skalen zugeordnet, die sich aus einer Theorie der menschlichen Informationsverarbeitung ableiten. Die Skalen sind *Konsistenz* (*Consistency*), *Gedächtnisbelastung* (*Minimal Memory Load*), *Nutzerführung* (*Steuerbarkeit*), *Erlernbarkeit* (*Learnability*), *Vergleichbarkeit* (*Compatibility*), *Individualisierbarkeit* (*Flexibility*), *Effizienz* (*Minimal Action*) und *Wahrnehmbarkeit* (*Perceptual Limitation*).

Beispiele für Items[7]:

- Is the cursor placement consistent? (*Konsistenz*)

- Does it provide index of commands? (*Gedächtnisbelastung*)

- Are erroneous entries displayed? (*Steuerbarkeit*)

- Is the data grouping reasonable for easy learning? (*Erlernbarkeit*)

- Is the wording familiar? (*Vergleichbarkeit*)

- Can users assign command names? (*Individualisierbarkeit*)

- Will the required data be entered only once? (*Effizienz*)

- Does it provide visually distinctive data fields? (*Wahrnehmbarkeit*)

Der PUTQ scheint frei verfügbar zu sein. Wegen der extremen Anzahl von Items ist er wohl nur in sehr speziellen Testsituationen geeignet.

5.1.7 Usefulness, Satisfaction and Ease of Use (USE)

Ein Fragebogen mit 30 Items, die den Skalen *Zufriedenheit* (*Satisfaction*), *Erlernbarkeit* (*Ease of Learning*), *Benutzbarkeit* (*Ease of Use*) und *Nützlichkeit* (*Usefulness*) zugeordnet sind. Die Items des USE (Lund, 2001) sind kurze Statements, die auf einer 7-stufigen Zustimmungs-/Ablehnungsskala beurteilt werden können.

---

[7] Deutsche Übersetzung der englischen Items: „Ist die Cursorposition immer konsistent?", „Ist eine Übersicht aller vorhandenen Befehle vorhanden?", „Werden fehlerhafte Einträge angezeigt?", „Unterstützt die Gruppierung der Daten das Lernen der Anwendung?", „Ist die Terminologie bekannt?", „Können Benutzer Befehlsnamen personalisieren?", „Müssen die erforderlichen Daten nur einmal eingegeben werden?", „Sind Eingabefelder visuell gut erkennbar?".

Beispiele für Items[8]:

- I learned to use it quickly. (*Erlernbarkeit*)
- I quickly became skillful with it. (*Erlernbarkeit*)
- I can use it without written instructions. (*Benutzbarkeit*)
- It requires the fewest steps possible to accomplish what I want to do with it. (*Benutzbarkeit*)
- I would recommend it to a friend. (*Zufriedenheit*)
- It is fun to use. (*Zufriedenheit*)
- It helps me be more effective. (*Nützlichkeit*)
- It saves me time when I use it. (*Nützlichkeit*)

Interessant ist hier vor allem die Berücksichtigung der Skala *Nützlichkeit*. Das ist ein wesentlicher Aspekt bei der Akzeptanz von Produkten, welcher aber in den meisten anderen Fragebögen nicht berücksichtigt wird. Im Wesentlichen entspricht diese Skala der *Perceived Usefulness* im Technology Acceptance Model von Davies (1985, 1989).

Etwas problematisch ist die inhaltliche Abgrenzung der Skalen *Ease of Use* und *Ease of Learning*. In *Ease of Use* sind z.B. die beiden Items "I can use it without written instructions" und "I don't notice any inconsistencies as I use it" enthalten. Andere Fragebögen tendieren dazu, solche Inhalte ebenfalls der Erlernbarkeit zuzuordnen.

5.2   User Experience Fragebögen

5.2.1   ATTRAKDIFF2

Der ATTRAKDIFF2 (Hassenzahl, Burmester & Koller, 2003) ist eigentlich der erste UX Fragebogen, der stark auf die Messung hedonischer Qualitäten abzielt. Der Fragebogen ist als semantisches Differential realisiert, d.h. ein Item besteht aus einem Paar gegensätzlicher Begriffe, die eine inhaltliche Dimension beschreiben. Der Teilnehmer kann auf einer 7-stufigen Antwortskala wählen, welcher der beiden Gegensätze das evaluierte Produkt besser beschreibt.

---

[8] Deutsche Übersetzung der englischen Items: „Ich habe schnell gelernt, die Anwendung zu bedienen", „Ich wurde schnell mit der Anwendung vertraut", „Ich kann die Anwendung ohne schriftliche Anweisungen verwenden", „Ich kann meine Ziele mit einer minimalen Anzahl von Schritten erreichen", „Ich würde die Anwendung einem Freund empfehlen", „Es macht Spaß die Anwendung zu benutzen", „Die Anwendung hilft mir, effektiver zu sein", „Die Benutzung der Anwendung spart mir Zeit".

Die 28 Items gliedern sich in die vier Skalen (jeweils 7 Items pro Skala) *Attraktivität*, *Pragmatische Qualität*, *Hedonische Qualität Stimulation* und *Hedonische Qualität Identität*.

Typische Beispiele sind:

stilvoll	o o o o o o o	stillos (Identifikation)
umständlich	o o o o o o o	direkt (Pragmatische Qualität)
phantasielos	o o o o o o o	kreativ (Stimulation)
häßlich	o o o o o o o	schön (Attraktivität)

Der AttrakDiff2 fokussiert sehr stark auf hedonische Qualitäten, nur 7 der Items betreffen die klassischen Usability Kriterien. Damit ist er für Produkte, die vorwiegend zur Erledigung von Aufgaben oder zum Erreichen von Arbeitszielen gedacht sind (betriebswirtschaftliche Software, Programmierumgebungen, Tools zum Erstellen von Texten oder Präsentationen, etc.) eher weniger geeignet. Auch die Items der Skala *Identität* können bei manchen Produkten etwas seltsam wirken (bei Produkten, für die sich der Nutzer nicht selbst entscheidet, sondern deren Nutzung ihm vorgegeben wird).

Weitere Informationen finden sich auf der Seite http://attrakdiff.de/.

5.2.2 User Experience Questionnaire (UEQ)

Anstoß zur Entwicklung des UEQ (Laugwitz, Schrepp & Held, 2006, 2008) war die oben schon thematisierte starke Fokussierung des AttrakDiff2 auf hedonische UX Aspekte. Für die Beurteilung betriebswirtschaftlicher Produkte schien dies nicht geeignet. Andererseits sind gerade hier auch hedonische Aspekte von starkem Interesse (siehe z.B. Schrepp, Held & Laugwitz, 2006), so dass man sich hier nicht auf reine Usability Fragebögen konzentrieren will. Diese Überlegungen waren der Startpunkt für die Entwicklung des UEQ. Dieser sollte sowohl hedonische als auch pragmatische Qualitätseigenschaften erfassen, aber dies in einer etwas ausgewogeneren Weise tun.

Wie auch der AttrakDiff2 ist der UEQ ein semantisches Differential. Er enthält 26 Items, die sich in die 6 Skalen *Attraktivität*, *Effizienz*, *Durchschaubarkeit*, *Steuerbarkeit*, *Stimulation* und *Originalität* aufteilen. Mittlerweile ist auch eine Kurzversion mit nur 8 Items vorhanden (Schrepp, Hinderks & Thomaschewski, 2017).

Beispiele für Items:

schnell	o o o o o o o	langsam	(*Effizienz*)
leicht zu lernen	o o o o o o o	schwer zu lernen	(*Durchschaubarkeit*)
unberechenbar	o o o o o o o	voraussagbar	(*Steuerbarkeit*)
gut	o o o o o o o	schlecht	(*Attraktivität*)
langweilig	o o o o o o o	spannend	(*Stimulation*)
kreativ	o o o o o o o	phantasielos	(*Originalität*)

Der UEQ ist besonders für Produkte geeignet, mit denen Nutzer Aufgaben abarbeiten oder beruflich tätig sind. In gewisser Weise sind die Einsatzgebiete von UEQ und AttrakDiff2 damit komplementär.

Alle Materialien zum UEQ (Handbuch, Tool zur einfachen Datenauswertung, Versionen in anderen Sprachen, etc.) findet sich unter www.ueq-online.org.

5.2.3 meCUE

Der meCUE (Minge & Riedel, 2013) orientiert sich am CUE-Modell (Thüring & Mahlke, 2007). Dieses Modell nimmt an, dass das Gesamturteil eines Nutzers bzgl. der User Experience eines Produkts aus der Wahrnehmung aufgabenbezogener (pragmatischer) Qualitäten, Emotionen und der Wahrnehmung nicht-aufgabenbezogener (hedonischer) Qualitäten resultiert. Der meCUE besteht aus drei Modulen. Das erste umfasst Items zu den Aspekten *Nützlichkeit* und *Benutzbarkeit* (das sind die aufgabenbezogenen Qualitäten) und *visuelle Ästhetik*, *Status*, *Bindung* (das sind die nicht-aufgabenbezogenen Qualitäten), Modul 2 enthält Items zur emotionalen Reaktion auf das Produkt, und das dritte Modul misst als Konsequenzen aus der emotionalen Bewertung von *Produktloyalität* und *Nutzungsintention*. Insgesamt besteht der Fragebogen aus 33 Items.

Beispiele für Items:

- Die Funktionen des Produkts sind genau richtig für meine Ziele. (*Nützlichkeit*)

- Das Produkt lässt sich einfach benutzen. (*Benutzbarkeit*)

- Das Produkt verleiht mir ein höheres Ansehen. (*Status*)

- Das Produkt ist wie ein Freund für mich. (*Bindung*)

- Das Design wirkt attraktiv. (*visuelle Ästhetik*)

- Das Produkt beschwingt mich. (*Positive Emotion*)

- Das Produkt nervt mich. (*Negative Emotion*)

- Ich würde das Produkt gegen kein anderes eintauschen. (*Produktloyalität*)

- Wenn ich könnte, würde ich das Produkt täglich nutzen. (*Nutzungsintension*)

Die Items sind zum Teil sehr stark formuliert. Das macht sicher eine Einschätzung etwas schwierig und macht den Einsatz des meCUE für viele Produkte etwas problematisch. Nehmen wir beispielsweise an, ein ERP Produkt soll bewertet werden. Items wie „Das Produkt ist wie ein Freund für mich" wirken in diesem Kontext etwas befremdlich. Auch die sehr starke Fokussierung auf die emotionalen Aspekte der Nutzung macht sicher nur für bestimmte Produkte Sinn.

Interessant ist, dass dieser Fragebogen sich konsequent an einem Modell der UX Bewertung orientiert.

Weitere Informationen finden sich auf der Web-Seite des meCUE http://www.mecue.de/.

5.3 Spezielle Fragebögen

5.3.1 Visual Aesthetics of Website Inventory (VISAWI)

Trotz des schrecklich sperrigen Namens handelt es sich hier um einen schlanken, schnell durchzuführenden Fragebogen. Der VisAWI (Mooshagen & Thielsch, 2010) beschränkt sich auf die Messung der visuellen Ästhetik von Produkten. Eigentlich für Web-Seiten entwickelt, spricht aber nichts dagegen diesen auch für andere Produkte einzusetzen. Ich selbst habe ihn schon mehrfach zur Messung der visuellen Qualität betriebswirtschaftlicher Produkte eingesetzt. Der Fragebogen unterscheidet 4 Teilaspekte der visuellen Ästhetik (*Vielfalt*, *Einfachheit*, *Farbigkeit*, *Kunstfertigkeit*).

Die Items sind kurze Statements zu denen der Teilnehmer seine Zustimmung bzw. Ablehnung auf einer 7-stufigen Antwortskala angeben kann. Beispiele:

- Das Layout wirkt dynamisch. (*Vielfalt*)
- Das Layout erscheint angenehm gegliedert. (*Einfachheit*)
- Die farbliche Gesamtgestaltung wirkt attraktiv. (*Farbigkeit*)
- Das Layout ist professionell. (*Kunstfertigkeit*)

Für den VisAWI ist auch eine Kurzversion vorhanden (Mooshagen & Thielsch, 2013), die aus lediglich 4 Items besteht (aus jedem Teilaspekt eines). Hier kann aber nur noch der Gesamtwert interpretiert werden und keine Werte für die Teilaspekte.

Weitere Informationen finden sich auf der Web-Seite des VISAWI: http://www.meinald.de/forschung/visawi/.

5.3.2 MS Product Reaction Cards

Bei den Product Reaction Cards (Benedek & Miner, 2002) handelt es sich um eine Menge von 118 Attributen, die den Teilnehmern auf Karten (ein Attribut pro Karte) präsentiert werden. Die Teilnehmer sollen dann die Karten auswählen, deren Attribut das Produkt gut beschreibt, d.h. jedes Attribut kann von einem Teilnehmer gewählt werden oder nicht.

Beispiele für Attribute[9]: Attractive, Boring, Busy, Clean, Comfortable, Confusing, Consistent, Creative, Dated, Disruptive, Dull, Efficient, Engaging, Expected, Familiar, Fragile, Fun, Hard to use, Impersonal, Inconsistent, Inspiring, Inviting, Motivating, Novel, Ordinary, Powerful, Relevant, Rigid, Secure, Slow, Sterile, etc.

Die Attribute umfassen ein weites Spektrum von UX Aspekten, sind aber nicht irgendwelchen Skalen zugeordnet. Die Produkt Reaction Cards erlauben über die Analyse, welche Karten wie häufig gewählt werden, eine recht gute semantische Beschreibung, wie ein Produkt wahrgenommen wird. Man kann die Attribute z.B. sehr schön über eine Wortwolke (Word Cloud) visualisieren. Es werden aber keine numerischen Skalenwerte generiert, d.h. im eigentlichen Sinn ist das kein UX Fragebogen. Es ist aber eine interessante und leicht durchführbare Methode, um einen ersten Eindruck zur UX Wahrnehmung eines Produkts zu bekommen.

---

[9] Deutsche Übersetzung der englischen Items: Attraktiv, Langweilig, Unruhig, Übersichtlich, Komfortabel, Verwirrend, Konsistent, Kreativ, Veraltet, Unterbrechend, Langweilig, Effizient, Einnehmend, Erwartungskonform, Vertraut, Zerbrechlich, Macht Spaß, Schwer zu verwenden, Unpersönlich, Inkonsistent, Inspirierend, Einladend, Motivierend, Neuartig, Gewöhnlich, Mächtig, Relevant, Starr, Sicher, Langsam, Steril

6 Aspekte von User Experience

Wie wir im letzten Kapitel gesehen haben, gibt es eine große Menge unterschiedlicher Fragebögen, die verschiedene Kombinationen von UX Aspekten messen. Faktisch realisiert damit jeder UX Fragebogen eigentlich ein eigenes Konzept des Begriffs User Experience, d.h. die mit verschiedenen UX Fragebögen gemessenen Werte sind damit nicht wirklich miteinander vergleichbar.

Die Tatsache, dass auch die Namen der gemessenen Skalen (UX Aspekte) oft nicht wirklich deutlich beschreiben, was die Skala eigentlich messen soll, macht es für den Praktiker in der Regel auch nicht leichter, den für seine Zwecke am besten geeigneten Fragebogen zu finden. Wir wollen nun versuchen zumindest ein wenig Klarheit in dieses konzeptuelle Chaos zu bringen.

Welche UX Aspekte kann man unterscheiden? Dazu analysieren wir die im vorherigen Kapitel beschriebenen und noch einige zusätzliche Fragebögen inhaltlich auf der Ebene der einzelnen Items. Die vorhandenen Items aller untersuchten Fragebögen wurden in einer Datenbasis zusammengefasst und dann inhaltlich gruppiert. Jede Gruppe repräsentiert damit einen eigenständigen UX Aspekt.

Es wurden folgende Fragebögen in die Untersuchung einbezogen:

- UEQ (Laugwitz, Schrepp & Held, 2006)
- PSSUQ (Lewis, 1992)
- meCUE (Minge & Riedel, 2013)
- QUIS (Chin, Diehl & Norman, 1988)
- AttrakDiff2 (Hassenzahl, Burmester & Koller, 2003)
- SUMI (Porteous, Kirakowski & Corbett, 1993)
- SUS (Brooke, 1996)
- WAMMI (Kirakowski & Bozena, 1998)
- ISONORM (Prümper, 1997)
- ISOMETRICS (Willumeit, Gediga & Hambourg, 1996)
- VISAWI (Moshagen & Thielsch, 2010)
- ASQ (Lewis, 1991)
- PUEU (Davis, 1989)
- PUTQ (Lin, Choong & Salvendy, 1997)
- USE (Lund, 2001)
- CSUQ (Lewis, 1995)

- SUPR-Q (Sauro, 2015)
- WEBQUAL (Barnes & Vidgen, 2001)
- UMUX (Finstadt, 2010)
- MS Product Reaction Cards (Benedek & Miner, 2002)

Wie man vorhandene Items aus Fragebögen gruppiert ist natürlich bis zu einem gewissen Grad eine subjektive Entscheidung. Hier gibt es also auch andere gute Lösungen, die von der im folgenden beschriebenen Lösung massiv abweichen können. Ich habe versucht, bei der Gruppierung solche Aspekte herauszuarbeiten, die psychologische Bedürfnisse der Nutzer repräsentieren. Das hilft meines Erachtens dem Praktiker, die richtigen Schwerpunkte bei der Auswahl des besten Fragebogens zu setzen.

Diese Übersicht ist natürlich nicht vollständig und wird es nie sein! Der Grund liegt einfach darin, dass mit neuen Produkten auch immer neue Bedienparadigmen und neue Anwendungsmöglichkeiten entstehen, die wiederum neue UX Aspekte ins Spiel bringen. Wer hat sich von der Einführung von Online-Banking und E-Commerce schon groß Gedanken um das Vertrauen der Nutzer in Bezug auf Datenmissbrauch gemacht? Wenn man also eine solche Gruppierung vor 20 Jahren gemacht hätte, wäre ein UX Aspekt wie *Vertrauen* darin vermutlich nicht aufgetaucht.

Man kann die im folgenden besprochenen UX Aspekte in drei Kategorien einteilen. UX Aspekte der pragmatischen Qualität beschreiben Wahrnehmungen, die mit dem Bearbeiten von Aufgaben verbunden sind. Hedonische UX Aspekte sind nicht aufgabenbezogen. Die Aspekte in diesen beiden Kategorien sind auf viele Arten von Produkten anwendbar.

Daneben gibt es eine Vielzahl von UX Aspekten, die nur für sehr spezielle Arten von Produkten sinnvoll sind. Innerhalb dieser Produktkategorien aber zum Teil für die Wahrnehmung der Gesamtqualität eines Produkts sehr wichtig sind. Während die Liste der pragmatischen und hedonischen UX Aspekte hoffentlich weitgehend vollständig ist (nach aktuellem Stand), sind die produktspezifischen UX Aspekte natürlich nur eine sehr unvollständige Auswahl, d.h. hier gibt es sicher noch deutlich mehr.

Es gibt noch einen weiteren Aspekt, den man bei der Betrachtung von UX Aspekten unterscheiden muss. Nutzer bewerten Produkte in der Regel in der Rückschau, d.h. bemühen bei der Frage nach der Bewertung eines UX Aspekts Erinnerungen, die mit diesem Aspekt zu tun haben.

Betrachten wir zwei Beispiele. Wir fragen einen Nutzer nach der Performance eines interaktiven Produkts. Wenn er keine Erinnerungen an negative Erlebnisse (er oder sie musste lange auf eine Antwort des Systems warten) hat, wird dies vermutlich als positiv wahrgenommen. D.h. eine gute Bewertung kommt hier durch die Abwesenheit von Erinnerungen an negative Erlebnisse zustande. Die pragmatischen UX Aspekte sind eigentlich alle von diesem Typ.

Nehmen wir nun an, wir fragen den Benutzer, ob die Bedienung des Produkts Spaß macht (Fun of use oder Stimulation). Nehmen wir an, der Benutzer erinnert sich nicht an irgendwelche positiven Erlebnisse. Das wird vermutlich keine gute Bewertung in Bezug auf diesen Aspekt hervorrufen. D.h. die Abwesenheit von entsprechenden Erinnerungen ist hier negativ. Dies ist im Wesentlichen bei den hedonischen UX Aspekten der Fall.

Einen Punkt müssen wir noch klären, bevor wir in die Details der UX Aspekte abtauchen. Die beschriebenen UX Aspekte stellen semantisch eigenständige Aspekte des Konstrukts UX dar. Man darf dass aber auf keinen Fall mit „statistisch unabhängig" verwechseln!

Misst man mehrere dieser UX Aspekte mit einem Fragebogen, so wird man immer recht hohe Korrelationen zwischen den Ergebnissen der Skalen beobachten. Das ergibt sich schon aus der Tatsache, dass jeder Befragte nicht alle Aspekte gleichmäßig gut beurteilen kann (weil unterschiedliche Nutzer natürlich ein Produkt unterschiedlich nutzen und auch unterschiedliche Erwartungen an die UX eines Produkts haben, d.h. auf andere Dinge achten).

Wenn man keine Information zu bestimmten UX Aspekten hat oder sich nicht sicher ist, besteht aber die Tendenz, sich durch die Bewertung anderer Aspekte, die man gut beurteilen kann, beeinflussen zu lassen. Nehmen wir zum Beispiel an, ein noch relativ neuer Nutzer eines Produkts hat einen sehr positiven Eindruck bzgl. der Schönheit der Benutzeroberfläche und bewertet die Ästhetik entsprechend positiv. Zur Steuerbarkeit des Produkts hat er noch keine wirkliche Meinung, da er noch nicht wirklich ausgiebig mit dem Produkt gearbeitet hat. Die entsprechenden Items werden aber vermutlich hier nicht neutral, sondern positiv bewertet, da aus der offensichtlichen Qualität der visuellen Gestaltung auf die unbekannte Qualität der Steuerbarkeit geschlossen wird.

Das ist sehr ähnlich zum aus der Sozialpsychologie bekannten Attraktivitäts-Stereotyp (wird oft auch als HALO-Effekt bezeichnet), d.h. der Tendenz aus offensichtlichen positiven Wahrnehmungen zu einer Person, z.B. gutes Aussehen, auf andere nicht direkt beobachtbare Eigenschaften zu schließen, z.B. soziale Kompetenz oder Intelligenz (Dion, Berscheid & Walster, 1972). Aus der Marktforschung ist das sehr ähnliche Phänomen der evaluativen Konsistenz bekannt, d.h. die Tendenz fehlende Informationen zu einem Produkt aus der allgemeinen Qualität einer Marke oder anderen bekannten Informationen zum Produkt abzuleiten. Zum Beispiel wird aus einem hohen Preis oft auf eine hohe Qualität des Produkts geschlossen (Ford & Smith, 1987).

6.1 Pragmatische User Experience Aspekte

6.1.1 Effizienz

Gerade bei Produkten, mit denen wir regelmäßig arbeiten, d.h. etwas mehr oder weniger sinnvolles produzieren, möchten wir natürlich keine unnötige Zeit und Mühe aufwenden, um zum gewünschten Ergebnis zu gelangen. Effizienz ist daher einer der ältesten und am besten verstandenen UX Aspekte. Fast alle UX Fragebögen enthalten daher entsprechende Items.

Schauen wir uns einige Beispiele an[10]:

- I am able to complete my work quickly using this system (CSUQ)
- umständlich/direkt (ATTRAKDIFF2)
- Die Software ... ist schlecht auf die Anforderungen der Arbeit zugeschnitten / ist gut auf die Anforderungen der Arbeit zugeschnitten (ISONORM)
- I was able to efficiently complete the tasks and scenarios using this system (PSSUQ)
- ineffizient/effizient (UEQ)
- Using it is effortless (USE)
- I can quickly find what I want on this website (WAMMI)

In Bezug auf Effizienz kann man zwei inhaltlich klar unterscheidbare Teil-Aspekte identifizieren:

- **System Antwortzeit**: Niemand wartet gerne. D.h. die Zeit, die das Produkt benötigt, um auf Eingaben des Benutzers (z.B. Mausklick oder Drücken eines Buttons) zu reagieren, sollte natürlich möglichst kurz sein.

- **Effizientes Design**: Ist das Produkt so gestaltet, dass Aufgaben mit minimalem physischem (Tastaturanschläge, Mausbewegungen, etc.) und mentalem Aufwand (z.B. Belastung des Gedächtnisses) erledigt werden können? Oder muss der Nutzer unnötige Mausklicks und Eingaben machen, die mit seiner eigentlichen Aufgabe nichts zu tun haben?

6.1.1.1 System Antwortzeit

Die System-Antwortzeit ist in der Regel nicht direkt durch das UI Design zu beeinflussen. Bei komplexen Systemen resultiert diese Zeit darüber hinaus aus den Zeiten mehrerer zum Teil parallel laufender Prozesse. Optimierungen der

---

[10] Deutsche Übersetzung der englischen Items: „Ich kann meine Aufgaben mit dem System schnell abarbeiten", „Ich konnte die Aufgaben und Szenarien mit dem System schnell abschließen", „Die Nutzung erfordert wenig Aufwand", „Ich kann auf der Web-Seite schnell finden, was ich suche".

System-Antwortzeit sind daher meist aufwändig und teuer. Aber die Antwortzeit ist zweifelsohne ein wichtiges UX Qualitätskriterium (siehe z.B. Kuroso, 2015).

Items, die diesen Teilaspekt beschreiben sind[11]:

- System speed: too slow/fast enough (QUIS)
- This software responds too slowly to inputs (SUMI)
- schnell / langsam (UEQ)
- The Web site loads quickly (WEBQUAL)
- This website is too slow (WAMMI)

Natürlich hängt es von der Person und der Situation ab, ob eine Antwortzeit als angemessen oder zu lang wahrgenommen wird. Es gibt aber auch einige klare Erkenntnisse, welche Zeiten in der Regel ausreichend sind.

Hier muss man grundsätzlich zwei Szenarien unterscheiden. Zum einen sind dies einfache Wechsel zwischen zwei Zuständen. Zum Beispiel zwischen dem Drücken der *Sichern* Taste und dem Erscheinen einer Erfolgs- oder Fehlermeldung. Zum anderen stellen Nutzer oft komplexe Anfragen an ein System, z.B. Erstellen einer statistischen Auswertung über einen komplexen Datenbestand, mit denen Sie dann längere Zeit arbeiten.

Für einfache Zustandswechsel, die in der Regel im Arbeitsablauf eines Nutzers auch sehr häufig auftreten, wird eine Zeit < 1 Sekunde empfohlen (z.B. Miller, 1968 oder Nielsen, 1993), wobei allerdings im Detail unklar ist, auf welchen Fakten diese Empfehlung eigentlich basiert. Besonders längere Wartezeiten größer 2-3 Sekunden sollten vermieden werden, da sie das Arbeiten des Benutzers massiv erschweren, z.B. Flow (Nakamura & Csikszentmihalyi, 2009) unterbinden und das einfache Erkennen von Ursache und Wirkung erschweren[12].

---

[11] Deutsche Übersetzung der englischen Items: „Systemgeschwindigkeit: Zu langsam / Schnell genug", „Die Anwendung reagiert zu langsam auf Eingaben", „Die Web-Seite lädt schnell", „Die Web-Seite ist zu langsam".

[12] Ursache/Wirkungsbeziehungen werden nicht automatisch erkannt, wenn eine zu lange Zeit zwischen Auslöser und ausgelöstem Ereignis liegt. Ein gutes Beispiel sind Overlays, die automatisch ausgelöst werden, wenn der Mauszeiger eine gewisse Zeit auf einem Bereich verweilt. Ist die Zeitspanne für das Auslösen des Overlays zu lang, wird der Nutzer den Zusammenhang mit der Aktion „Mauszeiger auf Bereich positionieren" nicht leicht herstellen können. Der Effekt lässt sich mit dem Konzept der psychologischen Gegenwart bzw. Gegenwartsdauer erklären. Dies ist die Zeitdauer, der üblicherweise als Gegenwart (ein Augenblick) empfunden wird. Treten zwei Ereignisse innerhalb dieser Zeitdauer auf, wird automatisch ein Zusammenhang zwischen diesen Ereignissen vermutet. Das Zeitintervall der Gegenwartsdauer wird üblicherweise zwischen 2 und 3 Sekunden (Fraisse, 1984) angegeben.

Flow bezeichnet dabei einen positiven emotionalen Zustand, bei dem ein völliges Versinken in eine Aufgabe stattfindet. In diesem Zustand sind Produktivität und Arbeitszufriedenheit sehr hoch. Flow kann nur aufkommen, wenn der Nutzer weder unter- noch überfordert ist. Eine weitere Bedingung für das Entstehen von Flow-Erlebnissen ist ein unmittelbares Feedback in Bezug auf die Aktionen des Nutzers.

Ein anders gelagerter Fall sind Aktionen des Nutzers, mit denen dieser größere Datenbestände abruft, mit denen er dann für eine längere Zeitspanne arbeitet. Zum Beispiel eine Übersicht über alle Kunden und deren Umsätze in einem bestimmten geografischen Bereich. Bei solchen Aktionen sind in der Regel auch längere Wartezeiten für den Benutzer noch akzeptabel. Genaue Zeitvorgaben in solchen Szenarien lassen sich nicht wirklich sinnvoll begründen. Nielsen (1993) beschreibt z. B., dass in solchen Fällen Wartezeiten von 10 Sekunden noch akzeptabel sind. Welche Zeiten noch tolerierbar sind, hängt hier sehr stark vom speziellen Szenario ab, insbesondere davon wie häufig ein Nutzer im Tagesablauf solche Abfragen tätigt und wie wichtig und hilfreich die Ergebnisse für ihn sind.

Warum dieser Exkurs in Bezug auf Wartezeiten? Für System Antwortzeiten gibt es einige vernünftige Vorgaben. D.h. wenn man sicher ist, dass das zu evaluierende System diese erfüllt, kann man sich eine Befragung von Nutzern zu diesem UX Aspekt eigentlich sparen. Das Ausmessen der typischen Systemantwortzeiten tut es auch.

6.1.1.2   *Effizientes Design*

Erfahrungen mit Produkten, bei denen wir die gleichen Daten mehrfach eingeben mussten oder die unnötig viele Klicks erfordern, um zum gewünschten Ziel zu kommen, haben wir vermutlich alle schon gemacht. In der Regel führt das eher nicht zu überschwänglicher Begeisterung beim Nutzer. Bei diesem UX Aspekt geht es also darum, dass der Nutzer mit möglichst wenig Interaktionsschritten zum gewünschten Ziel kommt.

Natürlich wird kein komplexeres Produkt in der Lage sein, für alle Aufgaben, die man darin abwickeln kann, immer die höchstmögliche Effizienz zu garantieren. Die Kunst solche Produkte zu entwickeln besteht eigentlich darin, die wichtigsten Aufgaben optimal zu unterstützen und für die weniger wichtigen bzw. weniger häufigen Aufgaben, die eine oder andere Ineffizienz in Kauf zu nehmen. Ob das wirklich gelungen ist, ist ein wesentlicher Teil jeder UX Evaluation.

Typische Items in Fragebögen, die diesen Aspekt messen, sind hier[13]:

- Die Software zwingt mich überflüssige Arbeitsschritte durchzuführen. (ISOMETRICS)

- Die Software erfordert überflüssige Eingaben / erfordert keine überflüssigen Eingaben (ISONORM)

- Will the required data be entered only once? (PUTQ)

- There are too many steps required to get something to work. (SUMI)

- It requires the fewest steps possible to accomplish what I want to do with it. (USE)

Ob ein Produkt ein effizientes Arbeiten in diesem Sinne erlaubt, ist natürlich eine höchst subjektive Entscheidung. Erstens werden nicht alle Nutzer das Produkt in der genau gleichen Weise nutzen, d.h. die Häufigkeit in der bestimmte Aufgaben mit dem Produkt bearbeitet werden, kann zwischen Nutzern stark variieren. Allein das lässt schon erwarten, dass es unterschiedliche Einschätzungen gibt. Zusätzlich ist auch die Toleranz verschiedener Nutzer hier deutlich unterschiedlich. Was für den einen eine kleine Unschönheit ist, schätzt ein anderer schon als völlig unzumutbare unnötige Belastung ein.

6.1.2 Durchschaubarkeit

Wir alle nutzen jede Menge unterschiedliche interaktive Produkte für unsere Arbeit oder in unserer Freizeit. Stellen wir uns mal vor, wir müssten für jede der von uns genutzten Anwendungen oder Apps eine Seite Dokumentation lesen, bevor wir diese bedienen könnten. Gruselige Vorstellung!

In Zeiten, in denen man nur einige wenige interaktive Produkte beruflich nutzte (für die jüngeren Leser also gefühlt in der Steinzeit), war der typische Anspruch an die UX Qualität, die Bedienung dieser Produkte schnell erlernen zu können. Ältere UX Fragebögen enthalten deshalb in der Regel eine Menge Fragen zur Verfügbarkeit und Qualität von Dokumentation und zur Geschwindigkeit mit der man die Bedienung des Produkts erlernen kann.

Heute erwartet man von einem Produkt (mit gewissen Ausnahmen im Bereich sehr komplexer Produkte, die meist ausschließlich beruflich genutzt werden) eigentlich, dass man es entweder intuitiv bedienen kann oder zumindest ohne Lesen von Dokumentation oder Hilfen die Bedienung durch Versuch und Irrtum schnell erlernt. Als übergreifenden Namen für diese Kategorie haben wir deshalb *Durchschaubarkeit* und nicht *Erlernbarkeit* gewählt.

---

[13] Deutsche Übersetzung der englischen Items: "Müssen notwendige Daten nur einmal eingegeben werden?", „Es sind zu viele Schritte notwendig, um etwas zu erreichen", „Es sind nur die absolut notwendigen Schritte erforderlich, um meine Ziele zu erreichen".

Auch bei diesem UX Aspekt kann man verschiedene Teilaspekte unterscheiden:

- *Intuitive Bedienung*: Kann man ein Produkt ohne Einführung durch andere und ohne Lesen von Dokumentation oder anderen Quellen direkt intuitiv bedienen?

- *Selbsterklärend*: Ist es möglich die Bedienung des Produkts durch Versuch- und Irrtum zu erlernen, d.h. ist das Produkt so gestaltet, dass man Dinge, die man nicht weiß, ohne Dokumentation zu lesen oder jemanden zu fragen, während der Interaktion mit dem Produkt erlernen kann?

- *Schnelle und leichte Erlernbarkeit*: Wenn es denn wirklich etwas zu lernen gibt, sollte das schnell gehen, d.h. man möchte möglichst wenig wertvolle Lebenszeit damit verschwenden.

- *Konsistenz*: Konsistenz bedeutet im Wesentlichen, dass gleiche Elemente und Interaktionen im Produkt auch immer gleich repräsentiert werden. Damit kann der Nutzer Dinge, die er in einem Bereich des Produkts gelernt hat, auch auf andere Bereiche übertragen. D.h. Konsistenz erleichtert die Erlernbarkeit.

- *Verfügbarkeit geeigneter Dokumentation*: Eigentlich heute nur noch bei sehr komplexen Produkten eine Nutzeranforderung. Meist suchen Nutzer bei Problemen heute eher erst mal in Google (und es gibt eigentlich keine Frage zu der nicht ein mehr oder weniger gutes Forum mit Antworten existiert) als in der Dokumentation. Aber gerade bei komplexen und teuren Produkten ist der Zugriff auf eine gut gestaltete Dokumentation immer noch ein wichtiges Kriterium für die UX Qualität.

Ehrlicherweise muss man hier anmerken, dass die Abgrenzung zwischen *Selbsterklärend*, *Schneller Erlernbarkeit* und *Konsistenz* nicht immer ganz scharf zu ziehen ist.

6.1.2.1   Intuitive Bedienung

Das ist sicher die stärkste Forderung in Bezug auf Durchschaubarkeit, d.h. wenn ein Produkt von den Nutzern intuitiv bedient werden kann, braucht man sich in Bezug auf die anderen Teilaspekte von Durchschaubarkeit absolut keine Sorgen mehr zu machen.

Für einige Produkte ist intuitive Bedienung die zentrale und einzig sinnvolle Erwartung an die Durchschaubarkeit. Nehmen wir mal einen Online-Shop. Niemand würde heute akzeptieren, dass er jemanden fragen muss oder gar eine Beschreibung lesen muss, um eine Bestellung in einem solchen Shop zu platzieren. Bevor er das tut, wird der Nutzer meist zu einem alternativen Angebot wechseln, d.h. man muss schon eine sehr exklusive Produktpalette anbieten, um sich in einem Online-Shop eine nicht intuitive Nutzerführung leisten zu können.

Typische Items, die diesen Aspekt messen[14]:

- Ich konnte die Software von Anfang an alleine bedienen, ohne dass ich Kollegen fragen musste. (ISOMETRICS)
- I can use it without written instructions. (USE)
- Using this website for the first time is easy. (WAMMI)
- Intuitive. (MS Product Reaction Cards)
- Performing tasks is straightforward: never / always. (QUIS)

Wie kommt es aber dazu, dass ein Nutzer, der ein Produkt oder eine Web-Seite erstmals nutzt, diese gleich „intuitiv" bedienen kann. Was heißt hier überhaupt „intuitiv".

Ein Versuch einer genaueren Definition (Mohs, Hurtienne, Kindsmüller, Israel & Meyer, 2006) beschreibt die Bedienung eines Produkts als intuitiv, wenn der Nutzer im entsprechenden Anwendungskontext „durch unbewusste Anwendung von Vorwissen effektiv mit dem Produkt interagieren kann". D.h. eine intuitive Interaktion ist in diesem Sinne kognitiv nicht belastend (man muss nicht überlegen, was man tut, sondern wendet vorhandenes Wissen unbewusst an) und kann ohne irgendwelches Lernen direkt erfolgen.

Im Bereich interaktiver Produkte wird dieses Vorwissen oft durch andere Produkte definiert, d.h. wenn gewisse Methoden der Interaktion oder Darstellung bestimmter Informationen in einem sehr stark verbreiteten Produkt (z.B. MS Office) verwendet werden, werden diese zu einer Art implizitem Standard (z.B. die Verwendung des Einkaufswagens als Metapher in Online-Shops). Designer anderer Produkte übernehmen diese Interaktionsmuster oder Darstellungen gerne, da sie davon ausgehen, dass ihre Nutzer diese von anderen Produkten schon kennen.

Dieser Effekt treibt oft, völlig ohne Steuerung von außen, eine gewisse Normierung über Produkte verschiedener Hersteller hinweg. Das ist einer der Gründe, warum verschiedene Produkte mit der Zeit gegen ein Standard-Design konvergieren, was Nutzern das Springen zwischen Produkten definitiv erleichtert, aber auch ein gewisses Gefühl der Langeweile aufkommen lässt und Innovationen behindert.

6.1.2.2 Selbsterklärend

Hier geht es darum, ob man die Bedienung des Produkts ohne Hilfsmittel, d.h. durch herumspielen mit dem Produkt, erlernen kann. Wie grenzt sich das zur

---

[14] Deutsche Übersetzung der englischen Items: "Ich kann das Produkt ohne schriftliche Instruktion bedienen", "Die erstmalige Nutzung der Web-Seite ist einfach", "Intuitiv", "Das Abarbeiten von Aufgaben ist einfach: Nie / Immer".

intuitiven Bedienung ab? Bei der intuitiven Bedienung geht es darum, dass man ohne Hilfe in der Lage ist, das Produkt beim ersten Mal ohne großes Nachdenken gleich richtig zu bedienen, d.h. zum Ziel zu kommen. Das ist bei einem selbsterklärenden Produkt nicht gefordert. Hier genügt es, wenn man in einer für den Nutzer vertretbaren Zeit ohne Hilfe zum Ziel kommt, d.h. man kann durchaus einige Male fehlgehen, aber am Ende sollte man den richtigen Pfad durch das Dickicht des Systems finden.

Typische Items[15]:

- Exploring new features by trial and error: Difficult / Easy (QUIS)

- Es wird schnell klar, wie man das Produkt bedienen muss. (meCUE)

- Are the command names meaningful? (PUTQ)

- Auf Wunsch bietet mir die Software neben allgemeinen Erklärungen auch Beispiele an. (ISOMETRICS)

- The Web site labels are easy to understand. (WEBQUAL)

- Learning to operate this software initially is full of problems. (SUMI)

- Learning to find my way around this website is a problem. (WAMMI)

Es gibt eine Reihe von verbreiteten Design-Elementen, die diese Eigenschaft unterstützen. Beispiele sind kurze erklärende Texte, die auf dem User Interface eingeblendet werden, um in schwierigen Situationen Hilfe zu geben. Ein anderes Beispiel ist der Einsatz von Animationen, z.B. wenn ein gelöschtes Objekt nicht einfach verschwindet, sondern in den Mülleimer fliegt (was eventuell die Idee transportiert einfach im Mülleimer nachzusehen, falls man das falsche Objekt gelöscht hat und jetzt nach einer Möglichkeit sucht, es wieder zurückzuholen). Auch die Führung unerfahrener Nutzer durch Bereitstellen von Wizzards, die komplexe Prozesse in eine Folge einfacher Schritte zerlegen, ist ein typisches Design-Element, um ein möglichst selbsterklärendes Produkt zu erreichen.

6.1.2.3   Schnelle und leichte Erlernbarkeit

Gerade bei sehr komplexen Produkten lässt sich eine intuitive Bedienung oder ein rein selbsterklärendes UI nicht immer erreichen. Typische Beispiele sind komplexe betriebswirtschaftliche Systeme, Steuerungen komplexer technischer Anlagen oder komplexe medizinische Geräte. Meist muss man hier nicht nur die Bedienung des Produkts an sich, sondern auch den dahinterstehenden Prozess vermitteln. D.h. ohne Hilfsmittel kommt man in diesen Fällen meist nicht aus. Hier

---

[15] Deutsche Übersetzung der englischen Items: „Neue Funktionen durch Versuch und Irrtum ausprobieren: Schwierig / Leicht", „Haben die Namen der Befehle eine klare Bedeutung", „Die Begriffe auf der Web-Seite sind einfach zu verstehen", „Das Erlernen der Software ist am Anfang voller Probleme", „Es ist ein Problem sich auf dieser Web-Seite zurechtzufinden".

ist in der Regel auch eine gewisse Genauigkeit bzw. Fehlerfreiheit im Einsatz gefragt (die Steuerung eines AKW durch Trial and Error schnell erlernen zu können, ist irgendwie keine erstrebenswerte UX Anforderung).

Wichtig ist hier, dass der Aufwand, den man nun mal in das Erlernen solcher Systeme stecken muss, nicht unnötig groß ist, d.h. das der Nutzer das Gefühl hat, hier keine unnötigen Schwierigkeiten gehabt zu haben.

Typische Items[16]:

- It was easy to learn to use this system (CSUQ)
- Es wird schnell klar, wie man das Produkt bedienen muss. (meCUE)
- Learning to operate the system: Difficult / Easy (QUIS)
- I quickly became skillful with it. (USE)
- There is too much to read before you can use the software. (SUMI)
- Um die Software bedienen zu können, muß ich mir viele Details merken. (ISOMETRICS)
- Es hat lange gedauert bis ich die Bedienung der Software gelernt habe. (ISOMETRICS)

6.1.2.4 Konsistenz

Produkte, bei denen gleiche oder zumindest sehr ähnliche Funktionen in verschiedenen Bereichen des Produkts sehr unterschiedlich realisiert sind oder bei denen das gleiche Element (Feld, Drucktaste, etc.) an verschiedenen Stellen unterschiedlich benannt ist, kennen wir vermutlich alle.

Das dies nicht unbedingt dazu beiträgt, die Bedienung des Produkts schnell zu erlernen, ist irgendwie auch naheliegend. Nichts ist ärgerlicher, als wenn scheinbar gleiche Nutzeraktionen in verschiedenen Teilen eines Produkts oder in ähnlichen Produkten des gleichen Herstellers unterschiedlich funktionieren. Das erhöht die notwendige Zeit sich mit einem Produkt vertraut zu machen. Damit ist Konsistenz ein sehr wichtiges Kriterium, dass die zum Erlernen eines Systems notwendige Zeit massiv reduzieren kann.

Betrachten wir mal ein Standardbeispiel. Nehmen wir mal an ein Nutzer will einen Absatz in einer Textverarbeitung oder Präsentation speziell formatieren, z.B. den Zeilenabstand erhöhen. In MS Word stellt man den Cursor in den Absatz, drückt die rechte Maustaste, selektiert den Eintrag zur Absatzformatierung und schon ist man an der richtigen Stelle. In MS Power Point geht das genauso, d.h. wenn man

---

[16] Deutsche Übersetzung der englischen Items: „Die Bedienung des Systems war leicht zu erlernen", „Erlernen das System zu bedienen: Schwierig / Einfach", „Ich wurde schnell damit vertraut", „Man muss zu viel lesen, bevor man die Software verwenden kann".

diese Art der Interaktion in einem der beiden Produkte gelernt hat, kann man es sofort übertragen.

Typische Items[17]:

- Gleiche Funktionen lassen sich in allen Teilen der Software einheitlich ausführen. (ISOMETRICS)
- Is the feedback consistent? (PUTQ)
- Use of terms throughout system: inconsistent / consistent. (QUIS)
- Es gibt in dem Produkt zu viele Inkonsistenzen. (SUS)
- I think this software is inconsistent. (SUMI)
- Is the data display consistent with user conventions? (PUTQ)

Bei Konsistenz muss man zwei Aspekte unterscheiden. Natürlich erwartet jeder Nutzer, dass verschiedene Teile eines Produkts konsistent realisiert sind. Das ist eine naheliegende Forderung, die aber gerade bei größeren Produkten, z.B. MS Office oder einem betriebswirtschaftlichen System mit tausenden von Eingabe-Masken, nicht immer einfach zu realisieren ist.

Größere Produkte entstehen in der Regel über einen Zeitraum von vielen Jahren. Dabei versuchen die Hersteller natürlich die Interaktionen der User Interfaces immer an den „State of the Art" anzupassen. Da man aber meist nicht in der Lage ist, auch alle vorhandenen User Interfaces immer gleich mitanzupassen, entstehen hier notwendigerweise kleinere oder auch größere Inkonsistenzen innerhalb eines Produkts.

Beim zweiten Aspekt geht es um die Konsistenz mit Quasi-Standards. D.h. darum Interaktionen so zu gestalten, dass der Nutzer Vorwissen verwenden kann, dass er bei anderen Produkten schon erworben hat. An dieser Stelle gibt es eine gewisse Überschneidung der Konzepte *Konsistenz* und *Selbsterklärend*.

6.1.2.5   Dokumentation

Hier geht es darum, dass das Produkt mit einer ausreichenden Menge an Hilfen, in der Regel textueller Art, ausgestattet ist. Diese Forderung findet sich vor allem in älteren Fragebögen sehr häufig. In den moderneren eher weniger. Hier spiegelt sich schon die in der Zeit von Smartphones und Internet massiv gesteigerte Erwartung nach intuitiver Bedienung oder zumindest selbsterklärenden Systemen wieder.

---

[17] Deutsche Übersetzung der englischen Items: „Sind die Rückmeldungen des Systems konsistent?", „Nutzung der Begriffe im gesamten System: Inkonsistent / Konsistent", „Ich denke diese Anwendung ist inkonsistent", „Entspricht die Anzeige von Daten den üblichen Konventionen?".

War ein dickes Handbuch in früheren Zeiten eine Art Statussymbol für ein Produkt (da sieht man direkt wie viele wertvolle Funktionalitäten das Produkt bietet), so ist das heute umgekehrt. Im Gegensatz zu früheren Zeiten nutzen wir heute schlicht zu viele Produkte zu vieler verschiedener Hersteller, als das wir hier noch bereit wären, massiv Zeit für das Lesen eines Handbuchs aufzuwenden.

D.h. die Bereitstellung einer ausführlichen Dokumentation ist heute eigentlich nur noch für sehr spezielle und professionell genutzte Produkte ein relevantes UX Kriterium.

Typische Items zu diesem Aspekt sind[18]:

- The information (such as online help, on-screen messages, and other documentation) provided with this system is clear. (CSUQ)

- Overall, I am satisfied with the support information (online-line help, messages, documentation) when completing the tasks. (ASQ)

- The software documentation is very informative. (SUMI)

6.1.3 Übersichtlichkeit

Je mehr Informationen auf einer Benutzerschnittstelle angeboten werden und je unübersichtlicher diese angeordnet sind, desto mehr Zeit wird ein Nutzer benötigen, um sich zu orientieren. D.h. eine klare und übersichtliche Darstellung hat einen positiven Einfluss auf die Geschwindigkeit mit der man sich auf der Oberfläche zurechtfinden kann und damit auf die Effizienz der Interaktion.

Wir bezeichnen diesen UX Aspekt als *Übersichtlichkeit*. Eine andere gebräuchliche Bezeichnung ist visuelle Komplexität (wobei eine hohe Übersichtlichkeit einer geringen visuellen Komplexität entspricht).

Die Wahrnehmung der visuellen Komplexität wird durch mehrere Faktoren beeinflusst. Roberts (2007) identifizierte in einer Studie zur Wahrnehmung von Bildern drei Dimensionen visueller Komplexität. Dies sind *Anzahl der Elemente*, *Organisation* und *Asymmetrie* der Darstellung. In einer Untersuchung zur Wahrnehmung von Web-Seiten (Müller & Schrepp, 2013) ergaben sich die beiden Dimensionen *Anzahl der Elemente* auf der Seite und *Alignment bzw. Anzahl der Ausrichtungslinien* der Seite (was inhaltlich irgendwie eine Mischung der Dimensionen *Organisation* und *Asymmetrie* aus Roberts ist).

---

[18] Deutsche Übersetzung der englischen Items: "Die mit diesem System bereitgestellten Informationen (z. B. Online-Hilfe, Bildschirmmeldungen und andere Dokumentationen) sind klar zu verstehen", „Insgesamt bin ich mit den unterstützenden Informationen (Online-Line-Hilfe, Nachrichten, Dokumentation) bei der Ausführung der Aufgaben zufrieden", „Die Softwaredokumentation ist sehr informativ".

Wenn man z.B. eine Web-Seite mit mehreren Informations-Blöcken gestaltet, so wird der Eindruck der Komplexität nicht unwesentlich von der Ausrichtung dieser Blöcke (Alignment) und von der Anzahl der unterschiedlichen Größen der Blöcke abhängen (Bonsiepe, 1968). Der Einfluss dieser beiden Faktoren wird z.B. benutzt, um ein Berechnungsverfahren zur Ermittlung der theoretischen Komplexität zu formulieren (Layout Complexity – siehe Bonsiepe 1968). In Studien zeigt dieses Maß eine hohe Übereinstimmung mit subjektiven Einschätzungen der Komplexität von Web-Seiten (Müller & Schrepp, 2013).

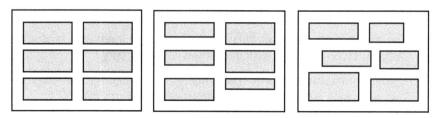

Abbildung 6: Variation der Übersichtlichkeit über Alignment und unterschiedliche Gruppengrößen.

Übersichtlichkeit bzw. visuelle Komplexität einer Benutzerschnittstelle ist ein wichtiger Faktor für eine effiziente Interaktion, hat aber auch einen massiven Zusammenhang zur ästhetischen Wahrnehmung. Bzgl. der genauen Form dieses Zusammenhangs gibt es allerdings widersprüchliche Ergebnisse. Geissler, Zinkhan & Watson (2006) bzw. Comber & Maltby (1994) fanden, dass Nutzer ein mittleres Komplexitätsniveau bevorzugen. Dagegen fanden Pandir & Knight (2006), Tuch, Bargas-Avilaa, Opwis & Wilhelm (2009) bzw. Müller & Schrepp (2013) eine negative Korrelation zwischen hoher visueller Komplexität und Ästhetik von Web-Seiten.

Warum besteht dieser Zusammenhang zwischen Übersichtlichkeit und ästhetischer Beurteilung? Eine gute (aber vielleicht doch auch sehr spekulative) Erklärung findet sich z.B. im Prinzip *Maximaler Effekt mit minimalem Aufwand* (Hekkert, 2006). Dieses Prinzip besagt, dass wir versuchen mit möglichst geringem kognitivem Aufwand möglichst viele für unser Überleben positive Effekte zu erreichen (z.B. Informationen gewinnen). Reize, die dies erlauben, werden dann als ästhetischer bewertet als solche, bei denen ein hoher kognitiver Aufwand notwendig ist.

D.h. ein Design sollte dann ästhetisch besonders ansprechend sein, wenn relativ einfache und übersichtliche Design-Elemente eine Vielzahl an Informationen liefern (Boselie & Leeuwenberg, 1984). Strukturierende Design-Elemente (Symmetrie, Ausrichtung an wenigen Linien, hoher Kontrast) sollten also einen ästhetischen Eindruck unterstützen.

Solche auf der menschlichen Evolution basierende Erklärungsmuster klingen natürlich immer auf den ersten Blick überzeugend. Wenn man einen zweiten Blick wagt, stellt sich aber doch die Frage, ob das nicht doch ein wenig einfach und spekulativ ist. Das Problem bei dieser Art der Argumentation ist, dass es etwas problematisch ist, solche Argumente zu validieren (eine Wiederholung der Evolution unter kontrollierten Bedingungen ist nun mal leider schwierig).

Auch einfache Beobachtungen gängiger Design-Praxis lassen doch leise Zweifel an der Allgemeingültigkeit dieser Erklärung aufkommen. Gerade sehr einfache User Interfaces werden oft von Designern bewusst verkompliziert, um diese attraktiver und weniger langweilig zu machen. Ein gutes Beispiel sind die Doodles auf dem doch sehr übersichtlichen Such-Interface von Google. Hier werden lustige und meist sehr originelle Grafiken eingesetzt, die offenbar bei den Nutzern gut ankommen. Diese bringen für die eigentliche Suchaufgabe keinen Informationsgewinn und machen die Orientierung auf der Seite sicher schwieriger (d.h. lenken eigentlich ab). D.h. das Prinzip *Maximaler Effekt mit minimalem Aufwand* (Hekkert, 2006) greift hier nicht wirklich.

Vergessen wir jetzt diese etwas unklare theoretische Debatte. Ich denke jedem einigermaßen erfahrenen UX Designer ist klar, dass es in der Regel wichtig ist, User Interfaces einfach und übersichtlich wirken zu lassen. Ausnahmen sind hier von Natur aus sehr einfache User Interfaces, die man durch gezielten Einbau von etwas Komplexität dann etwas interessanter machen will. D.h. Übersichtlichkeit ist definitiv eine wichtiger UX Aspekt.

Typische Items[19]:

- The organization of information on the system screens is clear (CSUQ)
- Clean, Organized (MS Product Reaction Cards)
- The website has a clean and simple presentation. (SUPR-Q)
- aufgeräumt/überladen (UEQ)
- Das Layout ist gut zu erfassen (VISAWI)

Ist Übersichtlichkeit eine eigenständige UX Qualität? Darüber kann man sicher streiten. Es wäre durchaus möglich dies als Teil-Aspekt von *Effizienz* oder *Ästhetik* anzusehen. Allerdings ist Übersichtlichkeit irgendwie das Bindeglied dieser beiden Aspekte und auch in einem Fragebogen leicht als eigenständiger Punkt zu erfragen. Deshalb habe ich mich entschieden, hier einen eigenständigen UX Aspekt zu sehen.

---

[19] Deutsche Übersetzung der englischen Items: „Die Organisation von Informationen auf der Nutzungsoberfläche ist klar", „Sauber, Organisiert", „Die Website hat eine saubere und einfache Präsentation".

6.1.4 Steuerbarkeit

Wir haben alle das Bedürfnis unser Leben und unsere Tätigkeiten unter Kontrolle zu haben und selbstbestimmt zu handeln. Niemand lässt sich gerne vorschreiben, wie er Dinge zu erledigen hat, erst recht nicht von seinem Smartphone oder seinem Laptop.

Ein Produkt, dass uns diese Kontrolle nimmt, z.B. unvorhersehbar auf unsere Eingaben reagiert, uns zwingt Aufgaben in einer ungewohnten und für uns unnatürlichen Reihenfolge abzuarbeiten oder uns kaltlächelnd in Fehlersituationen laufen lässt, aus denen wir uns dann nur mit großer Mühe wieder befreien können, steht diesem Bedürfnis massiv entgegen.

Dieser UX Aspekt wird als *Steuerbarkeit* oder auch *Kontrolle* bezeichnet. Der Nutzer sollte immer das Gefühl haben, dass er die Interaktion mit dem System steuert und vollständig unter Kontrolle hat, auch wenn das vielleicht faktisch gar nicht so ist. Mit anderen Worten, der Nutzer sollte immer glauben, dass er oder sie das System kontrolliert und nicht umgekehrt das System ihn oder sie.

Betrachten wir als gerade viel diskutiertes Beispiel das autonome Fahren. Viele Menschen haben hier im Moment noch große Vorbehalte. Das Gefühl, die Kontrolle über das Fahrzeug an eine Software abzugeben, deren Funktionsweise man nicht ansatzweise versteht, löst Unbehagen aus. Allerdings hat der Fahrer bei modernen Fahrzeugen aktuell schon nicht mehr die volle Kontrolle über das Fahrverhalten, z.B. greifen Assistenzsysteme schon jetzt in verschiedene Vorgänge ein. Das stört aber niemanden ernstlich, da man diese wohlgemeinten Unterstützungen als Fahrer in der Regel gar nicht mehr registriert bzw. diese Unterstützungen als Erhöhung der eigenen Kontrolle wahrgenommen und beworben werden.

Steuerbarkeit ist ein Aspekt, der schon in der ISO 9241 erwähnt ist und auf den gerade ältere UX Fragebögen sehr stark abheben. In neueren Fragebögen ist dieser Aspekt oft eher schwach repräsentiert.

Man kann hier ebenfalls noch Teilaspekte unterscheiden:

- *Gefühl der Kontrolle:* Der Nutzer hat das Gefühl die Interaktion mit dem System vollständig zu kontrollieren.

- *Vorhersehbarkeit:* Das System reagiert in der vom Benutzer erwarteten Art und Weise auf dessen Eingaben und Befehle.

- *Transparenz des Systemzustands:* Der Nutzer ist immer über den aktuellen Zustand des Systems informiert.

- *Fehlervermeidung:* Das System hilft dem Nutzer Fehler zu vermeiden bzw. falls doch welche passieren, erlaubt es dem Nutzer diese schnell zu korrigieren.

6.1.4.1 Gefühl der Kontrolle

Wir bedienen interaktive Produkte in der Regel, um gewisse Ziele zu erreichen. Dabei ist es natürlich wichtig, dass wir die Kontrolle über die Abläufe und die Ergebnisse unseres Tuns zu haben (oder zumindest glauben, dass dem so ist). Wenn man eine Aufgabe (insbesondere, wenn die wichtig ist) in einem System anstößt, ist es gar kein gutes Gefühl keine Kontrolle über das Ergebnis zu haben oder sich nicht sicher zu sein, ob man alles richtig gemacht hat.

Typische Beispiele sind fehlende Optionen einmal gemachte Aktionen zurückzunehmen (kein Abbrechen Button). Oder Systeme, die den Benutzer zwingen alle notwendigen Eingaben zu machen, bevor der Vorgang zwischengespeichert werden kann.

Nehmen wir mal an, ein Nutzer legt in einer betriebswirtschaftlichen Software eine Bestellung eines Kunden an, mit dem er gerade telefoniert. Wenn diese erst gesichert werden kann, wenn sie fehlerfrei ist, z.B. alle Pflichtfelder ausgefüllt sind, kann das zu unangenehmen Situationen führen, wenn der Nutzer diese Informationen gerade nicht hat oder erst mühsam bei Kollegen erfragen muss. Hier muss der Nutzer bestimmen können, wann er diese Informationen einholt und muss in der Lage sein jederzeit Zwischenstände abzuspeichern.

Typische Items[20]:

- Die Software erlaubt mir eine Unterbrechung des Bearbeitungsschritts, obwohl sie eine Eingabe erwartet. (ISOMETRICS)

- I feel in command of this software when I am using it. (SUMI)

- I feel in control when I'm using this website. (WAMMI)

- behindernd / unterstützend (UEQ)

- Does it provide CANCEL option? (PUTQ)

6.1.4.2 Vorhersehbarkeit

Es ist immer nett, wenn man glaubt die Ergebnisse des eignen Handels vorhersehen zu können. Die meisten Menschen lieben Überraschungen eher im Kontext von privaten Beziehungen (Geschenke oder sonstige nette Dinge) und nicht in Bezug auf ihre Arbeit mit interaktiven Systemen (nehmen wir mal Spiele aus).

Ein sehr typisches und lästiges Problem ist das Einspielen von Updates. Damit wir immer alle auf dem neuesten Stand sind und Sicherheitslücken (Warum gibt es da

---

[20] Deutsche Übersetzung der englischen Items: "Ich habe die volle Kontrolle über die Software, wenn ich sie nutze", "Ich habe die Kontrolle, wenn ich diese Website nutze", "Bietet das System eine Option zum Abbrechen?".

eigentlich so viele?) schnell geschlossen werden, ist das automatische Suchen und Installieren von Updates heute Standard. Die Updates werden netterweise im Hintergrund schon heruntergeladen und dann beim Herunterfahren oder Hochfahren des Rechners automatisch installiert. Wer freut sich nicht über die nette Meldung „Updates werden installiert. Schalten sie ihren Rechner nicht aus!" Was mich hier immer nervt, ist die Tatsache, dass ich keine Information bekomme, wie lange dieser Prozess wirklich dauert (na ja, ist sicher schwierig, aber so ungefähr möchte man es schon wissen). Soll man warten oder soll man erst mal was Anderes erledigen?

Typische Items[21]:

- Predictable, Reliable (MS Produkt Reaktion Cards)

- unberechenbar / voraussagbar (UEQ)

- reagiert mit schwer vorhersehbaren Bearbeitungszeiten / reagiert mit gut vorhersehbaren Bearbeitungszeiten. (ISONORM)

- Die Bildschirmdarbietungen (Bedienelemente, Eingabemasken, Fenster, etc.) in einer Bearbeitungssequenz sind für mich vorhersagbar. (ISOMETRICS)

- voraussagbar / unberechenbar (AttrakDiff2)

6.1.4.3   Transparenz des Systemzustandes

Ich denke wir kennen alle die unangenehme Situation, dass wir einen Vorgang in einer Software angestoßen haben und jetzt nicht so genau wissen, was die Software gerade tut bzw. ob sie gerade das tut, was wir erwarten. Betrachten wir hier mal einige Beispiele.

Ich habe mal von einem Bekannten die gleiche Mail 5-mal geschickt bekommen. Auf Nachfrage stellte sich heraus, dass in seinem neuen E-Mail-Programm beim Drücken des *Senden*-Knopfs einfach keine Rückmeldung kam, dass die E-Mail versendet wurde. Er hat dann einfach mehrmals auf Senden gedrückt, da er sich nicht sicher war, ob die Mail jetzt rausging oder nicht.

Ein ähnlich gelagertes Phänomen sind fehlende Rückmeldungen beim Sichern von Objekten oder fehlende Rückmeldungen (Warte-Indikator, Fortschrittsbalken), wenn lange Bearbeitungszeiten für bestimmte Vorgänge anfallen. Es ist keine gute Idee, den Benutzer hier im unklaren zu lassen, ob das System seine Anfrage (z.B. Sichern) bearbeitet hat oder nicht.

---

[21] Deutsche Übersetzung der englischen Items: „Vorhersehbar, Zuverlässig".

Typische Items[22]:

- Ich kann die Rückmeldungen, die ich von der Software erhalte, eindeutig dem auslösenden Vorgang zuordnen. (ISOMETRICS)

- erwartungskonform / nicht erwartungskonform (UEQ)

- I sometimes don't know what to do next with this software. (SUMI)

- Wenn Befehle in bestimmten Situationen nicht zur Verfügung stehen (gesperrt sind), ist dies leicht erkennbar. (ISOMETRICS)

6.1.4.4   Fehlervermeidung

Niemand macht gerne Fehler. Erstens fühlen wir uns in der Regel blöd, wenn wir was falsch machen. Zweitens kosten Fehler Zeit, da man sie ja in der Regel wieder korrigieren muss. D.h. ein System, dass den Nutzer leicht in Fehlersituationen laufen lässt und ihm dann wenig Hilfe bietet sich wieder daraus zu befreien, wird vermutlich keinen sehr positiven Eindruck bzgl. UX hinterlassen.

Typische Items[23]:

- Fehler bei der Eingabe von Daten (z.B. in Bildschirmmasken oder Formulare) können leicht rückgängig gemacht werden. (ISOMETRICS)

- liefert schlecht verständliche Fehlermeldungen / liefert gut verständliche Fehlermeldungen (ISONORM)

- Are erroneous entries displayed? (PUTQ)

- Error messages: unhelpful / helpful (QUIS)

- I can recover from mistakes quickly and easily. (USE)

- Error prevention messages are not adequate. (SUMI)

6.1.5   Anpassbarkeit

Wir haben alle unsere persönlichen Vorlieben, Gewohnheiten und Arbeitsstile. Diese haben wir über Jahre entwickelt, uns an sie gewöhnt und geben sie deshalb in der Regel nur sehr ungern auf. Von den Produkten, mit denen wir arbeiten, erwarten wir, dass wir Aufgaben damit so bearbeiten können, wie wir es bisher gewohnt waren und wie es uns persönlich angemessen erscheint. Wer will sich schon von einer blöden Software vorschreiben lassen, dass er plötzlich anders zu arbeiten hat!

---

[22] Deutsche Übersetzung der englischen Items: " Ich weiß manchmal nicht, was ich als nächstes mit dieser Anwendung machen soll".

[23] Deutsche Übersetzung der englischen Items: "Werden fehlerhafte Einträge angezeigt?", „Fehlermeldungen: nicht hilfreich / hilfreich", „Ich kann mich schnell und einfach von Fehlern erholen", „Die Hinweise zur Fehlervermeidung sind nicht ausreichend".

Solche persönlichen Vorlieben können sehr allgemeiner Art sein und z.B. die Menge an Informationen betreffen, die wir auf einem Bildschirm als angenehm und übersichtlich empfinden. Es kann auch darum gehen, dass eine gewisse Information in einer Anwendung für einen Nutzer interessant ist, während sich ein anderer dafür nicht interessiert und die Information ihn eher stört, d.h. der Nutzer die Information am liebsten ausblenden würde. Auch körperliche Beeinträchtigungen können spezielle Anpassungsmöglichkeiten erfordern, z.B. wird ein Nutzer mit einer starken Sehschwäche den Font einer Anwendung vergrößern wollen. Gewisse Formen der Anpassbarkeit sind daher auch ein wesentliches Kriterium in Bezug auf die Barrierefreiheit eines Produkts.

Es kann aber auch darum gehen, bestimmte erlernte Vorgehensweisen in einem neuen Produkt genauso durchführen zu wollen, wie im bisher gewohnten. Speziell Vorerfahrungen mit anderen Produkten oder älteren Versionen des gleichen Produkts erweisen sich in der Bewertung einer neuen Version oft als problematisch. Erinnern wir uns z.B. an die Einführung des Ribbon in den MS Office Produkten oder das Kacheldesign von Windows 8. Man hat sich an gewisse Abläufe gewöhnt, kann diese mehr oder weniger ohne Nachdenken ausführen und dann geht das in der neuen Version nicht mehr. Das nervt total! Daher erhält man, auch wenn die neuen Interaktionsformen durchaus sinnvoll und durchdacht sind, erst mal negatives Feedback aus der Gruppe der langjährigen Nutzer.

Dahinter steckt der Wunsch erlernte Verhaltensweisen, die bisher erfolgreich waren, nicht aufgeben zu müssen. D.h. das Bedürfnis erworbenes Wissen und erworbene Verhaltensweisen, d.h. den eigenen Arbeitsstil, beizubehalten. Generell soll sich die Software dem Arbeitsstil des Nutzers anpassen und nicht der Nutzer den Vorgaben der Software.

Bei Anpassbarkeit geht es also darum, ob der Nutzer das Gefühl hat, ein Produkt an seine eigenen Arbeitsstile und Vorlieben anpassen zu können. Auch hier muss wieder betont werden, dass wir das als eine rein subjektive Einschätzung wahrnehmen. Auch wenn ein Produkt voll von Anpassungsmöglichkeiten ist, kann ein Nutzer das Gefühl haben, dass es nicht flexibel ist, z.B. weil die Anpassungsmöglichkeiten zu versteckt sind und er sie nicht kennt, oder weil diese schlicht nicht seinen Bedürfnissen entsprechen.

Da Anpassbarkeit oder Individualisierbarkeit schon in der ISO 9241 als UX Aspekt enthalten war, ist dieser Aspekt schon stark in vielen älteren Fragebögen enthalten, speziell in den an der ISO-Norm 9241 orientierten Fragebögen ISONORM und ISOMETRICS.

Typische Fragen aus UX Fragebögen, die diese Qualitätseigenschaft erfassen sind:

- Die Software bietet mir die Möglichkeit der Anpassung (z.B. bei Menüs, Bildschirmdarstellungen) an meine individuellen Bedürfnisse und Anforderungen. (ISOMETRICS)

- Ich habe die Möglichkeit die Menge der auf dem Bildschirm dargestellten Informationen (Daten, Graphiken, Texte, etc.) meinen Erfordernissen anzupassen. (ISOMETRICS)

- Spezielle Eigenschaften (z.B. Geschwindigkeit) der Eingabegeräte (Maus, Tastatur) sind individuell einstellbar. (ISOMETRICS)

- Ich kann die Reaktionszeiten der Software an meine individuelle Arbeitsgeschwindigkeit anpassen. (ISOMETRICS)

In neueren Fragebögen ist der Aspekt der Anpassbarkeit dagegen kaum vertreten. Man geht heute eher davon aus, dass ein Benutzer beruflich und privat mit sehr vielen verschiedenen Produkten arbeitet. Daher ist natürlich die Bereitschaft, diese jeweils anzupassen, deutlich geringer als in früheren Zeiten, d.h. heute ist die Anforderung eher das Produkte direkt ohne umständliche Einstellungen optimal funktionieren und der Aspekt der Anpassbarkeit wird offenbar als weniger wichtig angesehen (zumindest bei den Personen, die UX Fragebögen entwerfen).

Jede Anpassung eines Produkts an unsere Vorlieben bedeutet im Gegenzug einen gewissen Aufwand. Den treiben wir natürlich nur dann, wenn er sich lohnt, d.h. wir glauben durch eine Personalisierung Aufwand zu sparen. Daher ist dieses Kriterium logischerweise nur für Produkte relevant, die wir häufig nutzen oder bei denen wir von der Personalisierung einen großen Vorteil erwarten.

Wer von uns hat schon massiv Zeit in die Anpassung von Word oder Power Point investiert, obwohl es da reichhaltige Anpassungsoptionen gibt. Macht man aber eher nur in Ausnahmefällen, wenn bestimmte Features (z.B. in der Autokorrektur) massiv stören. Oder wenn bestimmte Dinge einfach sehr wichtig sind, z.B. die Einstellungen zur Privatsphäre in sozialen Netzen.

6.1.6 Nützlichkeit

Eine wichtige Frage bei der Bewertung von Produkten ist, ob wir diese als nützlich empfinden. Wie stehen Aufwand für Erlernen des Produkts und die konkrete Dateneingabe im Verhältnis zum Nutzen.

Nützlichkeit im Sinne eines UX Aspekts spielt eine zentrale Rolle im Technology Acceptance Model (TAM) von Davis, Bagozzi & Warshaw (1989) bzw. Venkatesh & Davis (2000). Die zentrale Annahme dieses Modells ist, dass die Bereitschaft einer Person zur Nutzung einer Technologie von der subjektiv wahrgenommenen Nützlichkeit (Perceived Usefulness) und der subjektiv wahrgenommenen Usability

(Perceived Ease of Use) abhängt. D.h. je höher die angenommene Nützlichkeit und je höher die angenommene Usability, desto höher ist die Bereitschaft eine neue Technologie oder ein neues Produkt auch zu nutzen. Man hat hier also eines der bei Ökonomen so beliebten Kosten-Nutzenmodelle vorliegen.

Gerade bei Produkten, die vorwiegend zur Erreichung von konkreten Zielen im beruflichen oder auch privaten Kontext benutzt werden, spielt der Aspekt der Nützlichkeit natürlich eine Rolle für die wahrgenommene User Experience.

In gewisser Weise ist dieser Aspekt auch mit dem Aspekt der Aufgabenangemessenheit aus der ISO 9241 verwandt, der beschreibt, dass eine Software den Nutzer bei der Bearbeitung seiner Aufgaben optimal unterstützt (keine unnötigen Schritte, geeignetes Ausnutzen schon bekannter Informationen, keine überflüssigen ablenkenden Informationen, Nutzer erreicht seine Ziele mit minimalem Aufwand).

Typische Items die diesen Aspekt erfassen sind[24]:

- praktisch / unpraktisch (AttrakDiff2)

- Ich halte das Produkt für absolut nützlich. (meCUE)

- Powerful, Useful (MS Product Reaction Cards)

- Using the system in my job would increase my productity (PUEU)

- It gives me more control over the activities in my life. (USE)

- It is easier to use the Web site to complete my business with the company than it is to telephone, fax, or mail a representative. (WEBQUAL)

Nützlichkeit im Sinne des Technology Acceptance Models ist klar ein pragmatischer UX Aspekt. Hier geht es darum, dass ein Produkt nützlich ist, weil es bei der Erreichung von produktiven Zielen hilft oder schlicht Resourcen spart. Vom der rein intuitiven Bedeutung des Begriffs her, muss das aber nicht so sein. Eine Spielekonsole kann durchaus als nützlich empfunden werden, auch wenn sie nicht dem Erreichen von konkreten Zielen dient, sondern nur sicherstellt, dass man Spaß hat. Vielleicht macht es daher in Zukunft Sinn, dieses Konzept nochmal zu überdenken und evtl. auszuweiten?

---

[24] Deutsche Übersetzung der englischen Items: „Leistungsstark, Nützlich", „Die berufliche Verwendung des Systems würde meine Produktivität erhöhen", „Es gibt mir mehr Kontrolle über die Aktivitäten in meinem Leben", „Es ist einfacher, die Website zu nutzen, um meine Geschäfte mit dem Unternehmen abzuschließen, als einen Mitarbeiter zu telefonieren, zu faxen oder zu mailen".

6.2 Hedonische User Experience Aspekte

6.2.1 Originalität

Gerade bei etablierten Produkten findet mit der Zeit eine gewisse Angleichung der User Interfaces statt. Kaum hat jemand eine gute Idee, wird diese von anderen kopiert und damit werden sich verschiedene Produkte immer ähnlicher, d.h. es entstehen Quasi-Standards in Bezug auf die Nutzerinteraktion. Für den Nutzer ist das natürlich von Vorteil, da es das Erlernen neuer Produkte oft vereinfacht.

Für den Anbieter des Produkts kann das zum Problem werden. Produkte konkurrieren in der Regel mit anderen Produkten um die Aufmerksamkeit potentieller Benutzer bzw. Käufer. D.h. um sich erfolgreich zu positionieren, ist es in der Regel hilfreich als originell und neuartig wahrgenommen zu werden.

Neue und überraschende Gestaltungselemente wecken das Interesse des Nutzers und damit wird die Aufmerksamkeit auf das Produkt gelenkt bzw. das Produkt erst wirklich in der Menge gleichartiger Produkte wahrgenommen (eine wichtige Erkenntnis der Wahrnehmungspsychologie ist, dass jede Wahrnehmung die Aufmerksamkeit der Person erfordert).

Originalität ist ein Beispiel eines UX Aspekts, der von Nutzern oft nicht als wirklich wichtig für ein Produkt eingeschätzt wird (Winter, Schrepp, Hinderks, Thomaschewski, 2017), vom Anbieter des Produkts aber oft als zentral angesehen wird (und da der Anbieter die Designer bezahlt, ist es meist sehr ratsam, diesen Aspekt beim Design auch gebührend zu berücksichtigen). Ziel einer originellen Gestaltung ist es, die Aufmerksamkeit auf sich zu ziehen, d.h. sich von den Konkurrenzangeboten abzuheben. Dies kann durch neuartige Funktionen des Produkts geschehen oder durch eine originelle visuelle Gestaltung, die sich von anderen Produkten deutlich abhebt.

Der Aspekt der Originalität taucht in den klassischen Usability Fragebögen nicht auf. Er findet sich aber in vielen der neueren UX Fragebögen.

Typische Items[25]:

- phantasielos / kreativ (AttrakDiff2)
- neuartig / herkömmlich (AttrakDiff2)
- Das Produkt ist kreativ gestaltet. (meCue)
- Unconventional (MS Product Reaction Cards)
- Cutting edge (MS Product Reaction Cards)

---

[25] Deutsche Übersetzung der englischen Items: „Unkonventionell", „Innovativ", „Die Gestaltung der Web-Seite ist innovativ".

- Das Layout ist originell. (VISAWI)

- The Web site design is innovative. (WEBQUAL)

In einer Untersuchung zur ästhetischen Wahrnehmung von Web-Seiten fanden Lavie & Tractinsky (2004) zwei Dimensionen der ästhetischen Wahrnehmung, die sie als *expressive* und *klassische Ästhetik* bezeichnen. Expressive Ästhetik wird dabei durch die Begriffe *Kreatives Design, Faszinierendes Design, Nutzung spezieller Effekte, Originelles Design, Anspruchsvolles Design* beschrieben.[26] Klassische Ästhetik wird repräsentiert durch *Ästhetisches Design, Angenehmes Design, Klares Design, Sauberes Design, Symmetrisches Design.*[27]

Originalität entspricht in gewisser Weise der expressiven Ästhetik im Sinne von Lavie & Tractinsky (2004), während die Übersichtlichkeit eher dem Konzept der klassischen Ästhetik entspricht. Originalität kann also auch durchaus als Teil des ästhetischen Designs aufgefasst werden.

Ich habe mich dafür entschieden, Ästhetik und Originalität als separate UX Aspekte zu beschreiben. Hierfür gibt es zwei Gründe. Erstens kann ein Nutzer die visuelle Gestaltung eines Produkts durchaus als originell und ungewöhnlich wahrnehmen. Das muss aber nicht zwingend bedeuten, dass er oder sie es auch als ästhetisch ansprechend wahrnimmt. Zweitens ist die ästhetische Wahrnehmung sehr eng mit der visuellen Gestaltung eines Produkts verbunden. Originalität kann aber auch durch neuartige Interaktionsmuster und neue coole Funktionen erzeugt werden.

Umso ähnlicher sich die Produkte einer Kategorie letztlich werden, desto wichtiger ist es für den Erfolg eines einzelnen Produkts, durch eine originelle Gestaltung Aufmerksamkeit auf sich zu ziehen. Allerdings ist hier auch zu beachten, dass eine hohe Originalität nicht unbedingt dazu führen muss, dass ein Produkt auch immer anderen eher konventionell gestalteten Produkten vorgezogen wird, d.h. automatisch erfolgreicher ist. Es gibt einige gut untersuchte psychologische Mechanismen, die dem entgegenstehen.

Ein gut untersuchter Effekt ist die Präferenz für Prototypen (Whitefield, 2000). Studien zeigen, dass Konsumenten dazu neigen, typische Exemplare einer Produktkategorie gegenüber eher untypischen Exemplaren zu bevorzugen.

Bekannt ist in diesem Zusammenhang auch das MAYA (*Most Advanced Yet Acceptable*) Prinzip des amerikanischen Designers Raymond Loewry (1951). Dieses besagt, dass erfolgreiche Produkte bzw. Designs innovativ, aber immer

---

[26] Im englischen Original lauten die Begriffe: „creative design", „fascinating design", „use of special effects", „original design"und „sophisticated design".

[27] Hier lauten die Begriffe im Original: „aesthetic design", „pleasant design", „clear design", „clean design" und „symmetric design".

noch annehmbar sein sollten. D.h. einerseits durch ihre Gestaltung auffallen, aber nicht so weit vom etablierten bzw. typischen Aussehen abweichen dürfen, dass sie nicht mehr akzeptabel sind[28]. D.h. Designer sollten auf eine Balance zwischen neuen Designelementen und etablierten Designelementen achten.

Nach dem oben gesagten kann leicht der Eindruck entstehen, Originalität sei nur für Produkte relevant, die direkt an Endkunden vertrieben werden. Das ist allerdings nicht richtig. Auch für betriebswirtschaftliche Software sind überlegene Funktionalität und effiziente Bedienung schon lange nicht mehr die ausschlaggebenden Kriterien für den Produkterfolg. Auch hier gleichen sich die Angebote verschiedener Anbieter funktional und in den Bedienkonzepten immer mehr an. Deshalb wird es auch hier zunehmend wichtiger aufzufallen und die Aufmerksamkeit potentieller Käufer (die hier meist nicht die Endnutzer sind, die die Entscheidung für oder gegen ein Produkt dann am Ende ausbaden müssen) auf sich zu ziehen.

Originalität ist wichtig, um in der Vielzahl gleichwertiger Produkte aufzufallen. Aber hier haben wir das Beispiel eines Qualitätskriteriums, bei dem mehr nicht unbedingt besser sein muss. Bei Kriterien wie Effizienz ist es offensichtlich, dass eine höhere Bewertung einhergeht mit einer gesteigerten Gesamtbewertung bzw. Präferenz für das Produkt. Bei Originalität ist dies nicht immer zu erwarten. Steigert man die Bewertung der Originalität eines Produkts immer mehr, kann dies wegen den oben erwähnten Effekten ab einem gewissen Punkt dazu führen, dass das Produkt insgesamt weniger attraktiv wird.

6.2.2 Stimulation

Spaß bei der Arbeit steigert bekanntermaßen die Produktivität. Es wäre also schön, wenn selbst langweilige und öde Routinetätigkeiten durch eine toll gestaltete Software zum reinen Vergnügen werden. Allerdings bleibt das leider meist ein Traum. Aber trotzdem ist es ein wichtiges UX Kriterium, Produkte so zu gestalten, dass es für den Nutzer möglichst interessant ist damit zu arbeiten.

Dieses Kriterium wird auch oft als *Fun-of-use* bezeichnet. Wir haben uns aber für den etwas neutraleren Begriff *Stimulation* entschieden, da „Fun" dann doch

---

[28] Eine gute psychologische Erklärung dieses Prinzips findet sich in Hekkert, Snelders & van Wieringen (2003). Dort werden Originalität und Typizität (d.h. das Ausmaß in dem das Produkt ein typisches Beispiel für Produkte derselben Kategorie ist) als unabhängige Einflussfaktoren (und nicht als zwei Enden einer Skala) aufgefasst. Beide Faktoren sind hoch negativ korreliert, d.h. eine hohe Originalität führt in der Regel zu einer geringen Typizität und umgekehrt. Die Beziehung ist aber nicht perfekt, d.h. man kann beide Einflussfaktoren in gewissen Grenzen unabhängig voneinander manipulieren, d.h. die Originalität durch Hinzufügen neuer Designelemente erhöhen, ohne die Typizität zu stark zu reduzieren. Nutzer tendieren dazu Produkte zu bevorzugen, die eine möglichst optimale Kombination beider Aspekte aufweisen.

vielleicht eine zu starke Forderung ist. Eine Steigerung von Stimulation ist die Immersion, die wir als nächstes besprechen.

Typische Items[29]:

- langweilig / spannend (UEQ)
- It is fun to use. (USE)
- motivierend / entmutigend (AttrakDiff2)
- Das Produkt beschwingt mich. (meCUE)
- Engaging, Entertaining, Motivating, Inspiring (MS Product Reaction Cards)
- dull / stimulating (QUIS)
- Working with this software is mentally stimulating. (SUMI)

Bei Stimulation geht es also darum, dass die Gestaltung des Produkts interessant, geistig anregend und damit motivierend ist.

Es gab in den letzten Jahren geradezu einen Hype um das Thema Gamification, d.h. den Versuch klassische Produkte um Gestaltungselemente anzureichern, die aus Spielen bekannt sind. Allerdings sind hier, wie bei allen Hypes, zum Teil unrealistische Vorstellungen vorhanden. Hinzu kommt, dass der Begriff Gamification derart schwammig und unscharf formuliert ist, dass es schwerfällt Design-Entscheidungen oder Design-Elemente zu finden, die man nicht zur Not irgendwie als Gamification verkaufen kann.

Man muss beim Versuch ein Produkt interessanter zu gestalten immer abschätzen, ob es wirklich Sinn macht hier auf Spiele-Elemente zurückzugreifen. Eines der beliebten Spieleelemente (vermutlich deswegen so beliebt, weil man es ohne viel Aufwand und damit mit geringen Entwicklungskosten in viele Produkte einbauen kann) sind Badges. D.h. virtuelle Auszeichnungen, die dem Benutzer verliehen werden und dann für ihn und zum Teil andere Nutzer sichtbar sind. Je nach Kontext können Badges durchaus Sinn machen. Zum Beispiel um in Foren Nutzer auszuzeichnen, die viele Beiträge verfassen. Je nach Persönlichkeit des Nutzers kann das durchaus motivieren weiter fleißig zu sein und zeigt auch anderen an, wer hier vermutlich der Experte ist. Allerdings sprechen nicht alle Nutzer auf diese Art der Motivation an, d.h. so mancher Nutzer findet das einfach nervig.

Eine der dämlichsten Verwendungen von Badges habe ich vor kurzem auf einer Platform für Schachspieler gesehen. Die Plattform erlaubt es Online gegen andere Personen Schach zu spielen. Zu bestimmten Ereignissen (100 gespielte Partien,

---

[29] Deutsche Übersetzung der englischen Items: „Die Benutzung macht Spaß", „Mitreißend, Unterhaltsam, Motivierend, Inspirierend", „Die Arbeit mit dieser Anwendung ist mental anregend".

der 100ste Sieg, etc) werden Badges verliehen. Nun ist Schach ja bekanntermaßen ein Spiel und die Motivation sich in der Plattform einzuloggen ist definitiv Spaß zu haben. Schon deshalb ist das Einfügen zusätzlicher Gamification Elemente hier eine „originelle", aber vermutlich keine sehr gute Idee.

Generell ist das Einfügen von Gamification-Elementen problematisch, wenn die intrinsische Motivation der Nutzer eh schon hoch ist, z.B. in Spielen, sozialen Netzwerken, aber z.B. auch in Tools zur Software-Entwicklung. Da wirken solche Mechanismen oft sehr aufgesetzt und sind oft eher im Weg als nützlich.

Es ist aber wichtig zu verstehen, dass Stimulation nicht mit dem Einfügen von Spielemechanismen oder mit dem Erzeugen von Spaß verwechselt werden darf. Ein Produkt kann auch stimulierend wirken, wenn es dem Nutzer gestattet sich weiterzuentwickeln, z.B. wenn er oder sie das Gefühl hat durch die Benutzung etwas Neues zu lernen oder neue Einblicke zu entwickeln.

Betrachten wir mal eine Entwicklungsumgebung für Entwickler von Web-Anwendungen. Neben den rein monetären Anreizen ist es für Entwickler natürlich auch ein starker Motivator, dass ihre Anwendungen von vielen Personen genutzt werden. Eine fertige Anwendung wird publiziert und gestartet und von Zeit zu Zeit wird der Entwickler diese monitoren (d.h. prüfen, ob die Anwendung fehlerfrei und performant läuft). Es ist daher in der Regel eine gute Idee auch Nutzungsstatistiken (die Anwendung wurde in den letzten 24 Stunden von 154345 Nutzern aufgerufen) oder Statistiken zu Bewertungen der Nutzer einzubauen. Wenn die Anwendung ein Problem hat, gibt das wertvolle Informationen. Wenn alles gut läuft, sind solche Informationen gut für das Ego des Entwicklers und machen das reine routinemäßige Monitoren interessanter („Mal schauen, wie viele Nutzer wir heute hatten?").

6.2.3 Identität und Wertigkeit

Wenn neue Versionen eines begehrten Produkts auf den Markt kommen, z.B. eine neue Version des iPhone, kommt es unter Umständen vor, dass Hardcore-Fans vor den entsprechenden Geschäften schon vor der eigentlichen Öffnungszeit Schlange stehen (oder dort sogar übernachten), nur um sicher in den Besitzt des Produkts zu kommen.

Was bewegt Menschen dazu? Die entsprechende UX Qualität wird oft als *Identität* (Hassenzahl, Burmester & Koller, 2003) bezeichnet. Der Besitz eines solchen Produkts (oder bei nur Online verfügbaren Produkten, der Zugang dazu) hat für den Nutzer eine über die reine Nutzung des Produkts hinausgehende Qualität. Der Besitz des Produkts bringt dem Nutzer Ansehen bzw. Prestige. Grundlage dieses gefühlten Prestigegewinns ist eine Wahrnehmung des Produkts als besonders wertvoll oder stilvoll. Der Besitzer bzw. Nutzer hofft über das Produkt seine Selbstdarstellung zu verbessern und ggfs. leichter Kontakte zu anderen Personen zu knüpfen. Identität ist damit eng verbunden mit der Wahrnehmung der *Wertigkeit*. D.h. hier kann man natürlich, wie auch an anderen Stellen, darüber streiten, ob das zwei eigenständige UX Aspekte sind, oder ob man diese besser unter einem Aspekt zusammenfasst. Ich habe mich hier dafür entschieden beide Aspekte zusammenzufassen, da man ein unprofessionelles und minderwertiges Tool eher nicht gerne anderen zeigt und es definitiv nicht das eigene Selbstwertgefühl steigert. Man könnte aber auch in Richtung von zwei getrennten UX Aspekten entschieden, da die Wahrnehmung eines Produkts als hochwertig oder stilvoll z.B. auch als Komponente der Ästhetik auftaucht. Zum Beispiel enthält der VISAWI eine Frage wie *Das Layout ist professionell*.

Gehen wir jetzt kurz auf den Aspekt der Wertigkeit etwas näher ein. Wenn wir mit anderen Personen zusammenarbeiten erwarten wir, dass diese sich mindestens ebenso viel Mühe geben, wie wir selbst. Auch wenn wir etwas nutzen sollen, dass andere erzeugt haben, erwarten wir, dass hier sorgfältig gearbeitet wurde. Ansonsten entsteht schnell ein schlechtes Gefühl bei der Zusammenarbeit oder Nutzung eines Tools oder Produkts.

Wenn wir z.B. an einem schlecht vorbereiteten Meeting teilnehmen, wird das unsere Einschätzung des Organisators sicher negativ beeinflussen. Auch die Bewertung einer an sich inhaltlich sehr guten Bachelor- oder Masterarbeit wird in den meisten Fällen darunter leiden, wenn die Arbeit schlampig formatiert ist und reichlich Rechtschreib- und Kommafehlern aufweist. Letztlich steckt hier die implizite Erwartung dahinter von anderen respektiert und ernstgenommen zu werden.

Auch Kaufentscheidungen für Produkte basieren letztlich zumindest teilweise auf einem solchen Mechanismus. Wenn das Produkt einen unprofessionellen äußeren Eindruck macht, kann man auch oft (natürlich nicht immer) darauf schließen, dass auch andere Aspekte des Produkts vielleicht nicht mit der notwendigen Sorgfalt konstruiert und gefertigt wurden. Das sind die schon erwähnten Effekte der evaluativen Konsistenz.

Auch eine chaotisch aussehende Web-Seite, mit vielen Rechtschreibfehlern und schlechter Formulierung, wird kein Vertrauen in die Inhalte der Web-Seite oder die Sicherheit eigener Daten, die man evtl. eingeben muss, wecken. Die Wahrnehmung, dass ein Produkt einen hochwertigen und professionellen Eindruck macht, wirkt implizit also auch immer auf die Wahrnehmung anderer UX Aspekte, z.B. *Vertrauen*.

Identität bzw. der Aspekt der *Wertigkeit* ist nur für bestimmte Produkte relevant. Wichtig ist hier, dass sich der Nutzer für oder gegen das Produkt entscheiden kann, d.h. das Produkt oder einen Zugang zum Produkt erwirbt. Ein typisches Beispiel sind hier Smartphones oder andere neue hochwertige und exklusive Produkte, z.B. eine Apple-Watch. Ein Verwaltungssystem, dass der Arbeitgeber bereitstellt, wird bei seinen Mitarbeitern kein Gefühl der Identität, d.h. eines gewachsenen Ansehens, hervorrufen („Wir haben SAP ihr nur Oracle – Ätsch!").

Items, die diesen Aspekt messen sind:

- stilvoll / stillos (AttrakDiff2)
- bringt mich den Leuten näher / trennt mich von Leuten (AttrakDiff2)
- isolierend /verbindend (AttrakDiff2)
- Das Produkt verleiht mir ein höheres Ansehen. (meCUE)
- Das Layout ist professionell. (VISAWI)
- Die Seite erscheint mit Sorgfalt gemacht. (VISAWI)

Der erste Fragebogen, der diesen Aspekt als eigene Skala beinhaltet, ist der AttrakDiff2. Items, die Identität zugeordnet werden können, sind aber mittlerweile auch in anderen UX Fragebögen anzutreffen, z.B. dem meCUE.

6.2.4 Immersion

Wer Kinder hat, kennt sicher die auf die Dauer nervige Situation, dass diese auf Rufen (z.B. zum gemeinsamen Essen oder anderen Familienaktivitäten) nicht reagieren. Wenn der erboste Elternteil dann das Zimmer des missratenen Nachwuchses betritt, trifft es diesen in der Regel völlig versunken in einem Spiel auf Laptop oder Smartphone an („Was Du hast gerufen? Sorry, habe ich wirklich nicht gehört!"). Der entsprechende Zustand des völligen Versinkens in einer Aufgabe oder einem Spiel wird als Immersion bezeichnet.

Immersion kann natürlich nur dann eintreten, wenn der Nutzer stark von seiner Tätigkeit fasziniert ist und diese auch mental so anspruchsvoll ist, dass für die Wahrnehmung der Außenwelt wenig Kapazität übrig ist. D.h. dies ist für Spiele eine sehr wichtige UX Qualität, bei einer Software zum Erfassen von Bestellungen vermutlich eher weniger.

Immersion wird in UX Fragebögen eher selten berücksichtigt. Es gibt allerdings Fragebögen zum Spieleerlebnis, z.B. Jennett, Cox, Cairns, Dhoparee, Epps, Tijs & Walton (2008) oder Ijsselsteijn, de Kort, & Poels (2013) (Game Experience Questionnaire, short GEQ), die diesen Aspekt messen.

Immersion ist in gewisser Weise die auf das maximale Maß gesteigerte Stimulation.

Typische Items (alle aus dem GEQ) sind[30]:

- I was fully occupied with the game
- I forgot everything around me
- I lost track of time
- I lost connection with the outside world
- I felt detached from the real world
- At the time the game was my only concern

Immersion ist sicher nur für spezielle Produkte ein relevanter und anzustrebender UX Aspekt. Natürlich, wie oben schon erwähnt, für Spiele. Der Aspekt spielt aber auch für andere Produkt-Kategorien eine gewisse Rolle, z.B. Video Portale oder soziale Netzwerke.

6.2.5 Schönheit

Beim Kauf oder bei der oberflächlichen Beurteilung eines Produkts entscheiden wir oft rein über das Aussehen, d.h. die visuelle Attraktivität des Produkts. D.h. wenn man ein Produkt positionieren will, ist es in der Regel äußerst ratsam nicht nur auch die funktionalen Aspekte des Produkts zu achten, sondern auch auf das Aussehen.

Mehrere Untersuchungen, z.B. Kurosu & Kashimura (1995), Tractinsky (1997) und Tractinsky, Katz & Ikar (2000), zeigten einen positiven Einfluss der Ästhetik bzw. Schönheit eines Produkts auf die wahrgenommene Usability, was oft kurz und prägnant als *What is beautiful is usable* formuliert wird.

Zunächst einmal ist ein solcher Zusammenhang etwas überraschend. Bisher wurden drei Erklärungen vorgeschlagen und auch empirisch untersucht.

Norman (2003) verweist auf den vermittelnden Einfluss der Stimmung des Nutzers auf wahrgenommene Usability und Ästhetik. Ist eine Person in einem positiven emotionalen Zustand, so erhöht sich deren Kreativität und Flexibilität beim Problemlösen (siehe z.B. Isen, 2000). Ein negativer emotionaler Zustand begünstigt dagegen eher einen analytischen Umgang mit Problemen (Schwarz 2002). Bei der Interaktion mit einem Produkt wird ein gut gelaunter Nutzer auftretende Schwierigkeiten oft einfach durch geeignete Heuristiken kreativ umgehen und daher gar nicht als negative Erfahrungen abspeichern. Ein mies gelaunter Nutzer wird sich dagegen eher auf die problematischen Details

---

[30] Deutsche Übersetzung der englischen Items: „Ich war völlig im Spiel versunken", „Ich habe alles um mich herum vergessen", „Ich habe die Zeit vergessen", „Ich habe die Verbindung zur Außenwelt verloren", „Ich fühlte mich von der realen Welt losgelöst", „Zu der Zeit war das Spiel meine einzige Sorge".

konzentrieren und diese auch nicht vergessen. Daher sollte ein Nutzer in schlechter Stimmung die Usability einer Benutzungsschnittstelle schlechter einschätzen als ein Nutzer in guter Stimmung. Den Effekt kennen wir glaube ich alle aus persönlicher Erfahrung. Wenn wir mies drauf sind, reichen schon kleine Schwierigkeiten bei der Bedienung eines Produkts (oder auch sonst), um uns auf die Palme zu bringen. Wenn wir in super Stimmung sind, fallen uns die gleichen Schwierigkeiten oft gar nicht mal negativ auf.

Norman (2003) argumentiert, dass eine ästhetisch ansprechende Gestaltung den emotionalen Zustand des Nutzers verbessert. Diese verbesserte Stimmung führt dann über den oben beschriebenen Mechanismus zu einer besseren Bewertung der Usability. Die Stimmung des Nutzers ist hier also der Mediator (die vermittelnde Variable) zwischen Ästhetik und Usability.

Die hinter dem Ansatz stehenden psychologischen Mechanismen sind gut erforscht, d.h. der Ansatz hat eine gewisse Plausibilität. Der kritische Punkt ist hier die Annahme, dass die Schönheit eines Produkts schon ausreicht, um die Stimmung des Nutzers so massiv zu beeinflussen, dass die beschriebenen psychologischen Effekte greifen können. Ehrlich gesagt halte ich das persönlich für eher unplausibel. Unsere Stimmung wird ja von vielen Faktoren beeinflusst (vom Wetter, den netten oder weniger netten Mitmenschen, denen wir im Laufe des Tages begegnen, den Nachrichten, etc.). Dass die Gestaltung eines Produkts (mal von Ausnahmefällen wirklich grauenhafter Designs abgesehen) hier einen wirklich massiven Einfluss hat, halte ich nicht für sehr wahrscheinlich.

Eine andere Erklärungsmöglichkeit beruht auf dem aus der Sozialpsychologie bekannten Attraktivitäts-Stereotyp (*Was schön ist, ist auch gut*), dem sogenannten Halo-Effekt. Untersuchungen (siehe z.B. Dion, Berscheid & Walster, 1972 oder Dick, Dipankar & Gabriel, 1990) haben gezeigt, dass menschliche Schönheit mit Eigenschaften wie sozialer Kompetenz oder hoher Intelligenz in Zusammenhang gebracht wird. Aus der Marktforschung ist das Phänomen der evaluativen Konsistenz bekannt, d.h. fehlende Produktinformationen werden aus der allgemeinen Bewertung einer Marke abgeleitet. Zum Beispiel wird oft aus einem hohen Preis auf eine hohe Qualität eines Produkts geschlossen (Ford & Smith 1987).

Überträgt man dies auf die Bewertung von Nutzungsschnittstellen, so sollten fehlende Informationen zur Usability (z.B. wenn man ein Produkt zwar gesehen, aber noch nicht wirklich massiv genutzt hat) aus der leicht sichtbaren Ästhetik hergeleitet werden.

In einer Studie (Ilmberger, Schrepp & Held, 2009) wurde untersucht, welcher dieser Erklärungsversuche geeigneter ist. Die Ergebnisse deuteten eher in Richtung der Annahme von Norman (2003), waren aber nicht eindeutig.

Eine Schwäche beider Erklärungsansätze ist, dass sie keine gute Begründung für den in mehreren Studien ebenfalls nachgewiesenen Einfluss von wahrgenommener Usability auf wahrgenommene Ästhetik liefern, kurz formuliert als *What is usable is beautiful* (siehe z.B. Ilmberger, Schrepp & Held, 2009 oder Tuch, Roth, Hornbaek, Opwis & Bargas-Avila, 2012).

Eine dritte Erklärungsmöglichkeit für den Zusammenhang zwischen Usability und Ästhetik beruht auf der Annahme, dass eine gemeinsame Komponente existiert, die sowohl die Wahrnehmung der Ästhetik, als auch die Wahrnehmung der Usability beeinflusst (Schrepp & Müller, 2015). Diese Komponente ist letztlich der UX Aspekt der *Übersichtlichkeit*. Übersichtlichkeit steckt im Konzept der klassischen Ästhetik (Lavie & Tractinsky, 2004). In Schrepp & Müller (2015) wird eine erste Untersuchung präsentiert, die diese These stütz. Allerdings sind hier weitere Untersuchungen notwendig, d.h. der aktuelle Datenbestand ist schlicht zu dünn, um hier zu einem abschließenden Urteil zu kommen.

Generell muss man fethalten, dass sich die drei Erklärungsmuster nicht ausschließen, d.h. es kann gut sein, dass alle Erklärungen zu dem beschriebenen Effekt beitragen.

Was haben wir daraus gelernt? Erstens, dass wir nicht wirklich gut verstehen, warum Personen so unterschiedliche Konzepte wie Usability und Schönheit miteinander in Verbindung bringen. Zweitens, eben weil sie dies offenbar tun, dass es ratsam ist, einige Energie auf die ästhetische Gestaltung zu verwenden und diesen Aspekt auch regelmäßig zu messen.

Für die Messung der Schönheit eines Produkts gibt es mit dem VISAWI einen spezialisierten Fragebogen, der in einer Kurz- und Langversion vorliegt. Aber auch in anderen Fragebögen finden sich einzelne Items, die diesen Aspekt erfassen.

Typische Items[31]:

- häßlich / schön (ATTRAKDIFF2)

- The software has a very attractive presentation. (SUMI)

- attraktiv / unattraktiv (UEQ)

- The Web site is visually pleasing. (WEBQUAL)

- Die farbliche Gesamtgestaltung wirkt attraktiv. (VISAWI)

Falls man Ästhetik wirklich gut erfassen will, ist aber eine Anwendung des VISAWI anzuraten.

---

[31] Deutsche Übersetzung der englischen Items: „Die Anwendung hat eine sehr attraktive Gestaltung", „Die Web-Seite ist visuell ansprechend".

6.3 Weitere User Experience Aspekte

Hier besprechen wir einige weitere Aspekte, die nur in sehr speziellen Kontexten Sinn machen. Allerdings ist diese Einteilung mehr oder weniger willkürlich. Man könnte auch Immersion (macht eigentlich vor allem bei Spielen Sinn) hier einordnen. Die folgenden Aspekte sind eigentlich weder rein pragmatische noch rein hedonische Aspekte, sondern stehen in gewisser Weise dazwischen.

6.3.1 Valenz

Valenz beschreibt die allgemeine Zufriedenheit bzw. Unzufriedenheit mit einem Produkt, d.h. nur die allgemeine Einschätzung auf einer *Gut/Schlecht*-Dimension ohne Bezug auf irgendwelchen konkreten UX Eigenschaften. In Fragebögen taucht dieser Aspekt als Skala oft auch unter dem Begriff *Attraktivität* auf.

Typische Valenz-Items sind[32]:

- Gut / Schlecht (AttrakDiff2, UEQ)
- Overall, I am satisfied with how easy it is to use this system. (CSUQ)
- Overall, I am satisfied with this system. (PSSUQ)
- The website is easy to use. (SUPR-Q)
- It is user friendly. (USE)
- frustrating / satisfying (QUIS)
- Usable, Satisfying (MS Product Reaction Cards)

Valenz ist in diesem Sinne eigentlich kein UX Aspekt. Die Valenz kann eher als eine Art Gesamteindruck oder Gesamtzufriedenheit interpretiert werden. In der Regel wird angenommen, dass sich die Valenz bzgl. eines Produkts aus der Wahrnehmung der anderen konkreten UX Aspekte, z.B. Effizienz, Schönheit, Durchschaubarkeit, ergibt.

Die folgende Abbildung zeigt z.B. die angenommene Skalenstruktur des UEQ (der AttraktDiff2 macht genau die gleiche Annahme).

---

[32] Deutsche Übersetzung der englischen Items: „Insgesamt bin mit der einfachen Handhabung dieses Systems zufrieden", „Insgesamt bin ich mit diesem System zufrieden", „Die Web-Seite ist einfach zu bedienen", „Es ist benutzerfreundlich", „Frustrierend / Zufriedenstellend", „Einfach benutzbar, Zufriedenstellend".

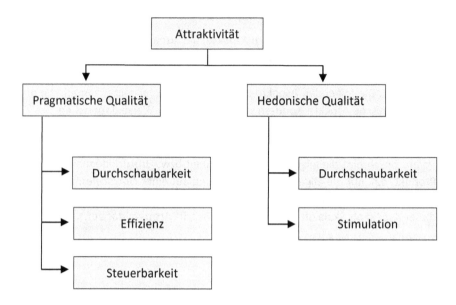

Abbildung 7: Angenommene Skalenstruktur des UEQ. Valenz basiert auf den wahrgenommenen pragmatischen und hedonischen Qualitäten.

Valenz selbst ist damit weder ein pragmatischer noch eine hedonischer UX Aspekt. Es ist auch in gewisser Weise fragwürdig, ob man das als eigenständigen UX Aspekt in diese Aufzählung aufnehmen sollte, da der Eindruck bzgl. der Valenz ja eigentlich ein Resultat der wahrgenommenen UX Qualitäten ist. Da aber fast alle UX Fragebögen zumindest einzelne Valenz-Items beinhalten, man unter Umständen an einer Messung der Valenz interessiert ist und einige Fragebögen, z.B. der UEQ oder der AttrakDiff2, sogar eine ganze Skala zur Messung der Valenz spendieren, habe ich die Valenz hier aufgenommen.

6.3.2 Vertrauen

Vor dem Aufkommen von Online-Banking und E-Commerce spielte *Vertrauen* (Trust) in eine Anwendung eher eine untergeordnete Rolle. Dieser Aspekt kam höchstens im Sinne „speichert die Anwendung meine Daten auch sicher ab" zum Tragen.

Heute erledigen wir häufig finanziell und persönlich wichtige Dinge mit Hilfe von interaktiven Produkten. Ist halt super bequem, auch wenn wir dabei nicht immer ein gutes Gefühl haben. Wir überweisen Geldbeträge, wir kaufen über E-Commerce Seiten ein, wir pflegen Kontakte über soziale Netzwerke und geben dabei zum Teil sehr persönliche Dinge preis. Da sich naturgemäß in allen diesen Bereichen auch finstere Gestalten tummeln, die Informationen über uns sammeln oder schlimmer noch unser sauer verdientes Geld an sich bringen wollen, ist natürlich das Vertrauen in solche Systeme ein extrem wichtiger und sensibler Qualitätsaspekt.

Wer wird schon in einer E-Commerce Seite etwas bestellen und dabei seine Kreditkarteninformationen herausgeben, wenn ihm die Seite auch nur etwas verdächtig erscheint. D.h. das Vertrauen der Nutzer in ein Produkt ist nicht nur für die Nutzer, sondern auch für die Betreiber des Produkts, eine essentielle Voraussetzung für den Erfolg. Einer der wichtigsten Gründe, der Konsumenten davon abhält Online zu kaufen oder persönliche Daten zur Verfügung zu stellen, ist ein Mangel an Vertrauen in die entsprechende Web-Seite (Doney & Cannon, 1997).

Die Gestaltung einer Web-Seite hat einen massiven Einfluss darauf, ob die Seite als Vertrauenswürdig wahrgenommen wird. Everard & Galetta (2003) haben zum Beispiel drei Faktoren der Gestaltung identifiziert, die hier einen Einfluss haben. Dies sind die graphische und visuelle Gestaltung, Vollständigkeit der erwarteten Informationen und Fehlerfreiheit. Intuitiv ist eigentlich sofort klar, dass hier eine Abhängigkeit besteht. Würden Sie auf einem Web-Shop einkaufen, dessen visuelles Design wie das Erstlingswerk eines Amateur-Designers aussieht, bei dem wichtige Informationen zur Verfügbarkeit von Waren und Lieferbedingungen fehlen und bei dem jeder zweite Klick einen Fehler produziert. Vermutlich eher nicht, es sei denn sie haben einen Hang zu Risiko und Glücksspiel. Ähnliche Faktoren werden auch bei Nielsen (1999) beschrieben.

Der Aspekt des Vertrauens spielt in älteren, am klassischen Usability Begriff orientierten, Fragebögen eher keine Rolle. Neuere Fragebögen und speziell Fragebögen, die für E-Commerce gedacht sind, berücksichtigen diesen Aspekt aber stark.

Die MS Product Reaction Cards enthalten vier Items, die man dem Aspekt Vertrauen zuordnen kann: *Confident* (Sicher), *Not Secure* (Nicht Sicher), *Secure* (Sicher) und *Trustworthy* (Vertrauenswürdig).

Der WEBQUAL enthält die drei Fragen[33]:

- I feel safe in my transactions with the Web site.

- I trust the Web site to keep my personal information safe.

- I trust the Web site administrators will not misuse my personal data.

---

[33] Deutsche Übersetzung der englischen Items: „Ich fühle mich in meinen Transaktionen mit der Website sicher", „Ich vertraue darauf, dass die Web-Seite meine persönlichen Daten schützt", „Ich vertraue darauf, dass die Web-Seiten Administratoren meine persönlichen Daten nicht missbrauchen".

Der SUPR-Q enthält zwei Fragen in dieser Richtung[34]:

- I feel comfortable purchasing from the website.
- I feel confident conducting business on the website.

Hinderks (2016) hat eine spezielle Skala (gedacht als Erweiterung des UEQ) für die Messung von Vertrauen konstruiert, die aus folgenden Items besteht (semantisches Differential mit 7 Antwortkategorien):

- indiskret / diskret
- unseriös / seriös
- unglaubwürdig / glaubwürdig
- nicht verantwortungsvoll / verantwortungsvoll
- unsicher / sicher
- skeptisch / vertrauensvoll

Der UX Aspekt Vertrauen spiegelt also wieder, ob der Nutzer sich bei der Interaktion mit einem Produkt gegenüber einem Missbrauch seiner eingegebenen Informationen sicher fühlt oder nicht.

Es handelt sich hier um einen Aspekt, der nur für bestimmte Arten von Produkten eine Rolle spielt, für diese dann aber in der Regel sehr wichtig ist. Beispiel sind Anwendungen mit denen finanzielle Transaktionen vorgenommen werden (Online-Banking, Web-Shops, etc.), wichtige Daten gespeichert werden (z.B. Dropbox, Hosting-Plattformen, etc.) oder persönliche Daten mit einer klar abgegrenzten Menge von anderen Personen geteilt werden sollen (z.B. Messenger, soziale Netzwerke, etc.).

6.3.3 Verbundenheit

Wir alle haben unsere Lieblingsprodukte, d.h. Produkte die wir immer wieder kaufen. Produkte, bei denen wir keinen Gedanken daran verschwenden, ob es vielleicht eine bessere und sogar preisgünstigere Alternative gibt. Freunden empfehlen wir auch gerne genau diese Produkte weiter.

Genau dieses Gefühl der *Verbundenheit* oder *Loyalität* ist es, was ein Hersteller eines Produkts am dringendsten herstellen muss. Es sichert einfach eine gewisse Kundenbasis und immer wiederkehrende Käufe oder dauerhafte Nutzung eines Systems.

Ein gutes Beispiel ist Apple, die es durch gutes Design geschafft haben eine sehr loyale Nutzergemeinde aufzubauen. Da spielt dann der exzeptionelle Preis, bei

---

[34] Deutsche Übersetzung der englischen Items: „Ich fühle mich beim Einkaufen über diese Web-Seite wohl", „Ich fühle mich zuversichtlich, Geschäfte auf der Website zu tätigen".

zugleich fragwürdiger technologischer Überlegenheit, für die Kaufentscheidung keine Rolle.

Verbundenheit oder Loyalität ist ein UX Aspekt, der sich nicht unmittelbar an direkten Qualitäten des Designs eines Produkts festmachen lässt. Loyalität bildet sich, wenn ein Nutzer mit dem Design eines Produkts über eine längere Nutzungsdauer überdurchschnittlich zufrieden ist.

In UX Fragebögen ist dieser Aspekt eher unterrepräsentiert (vermutlich weil viele Designer dies eher im Bereich Marketing ansiedeln). In einigen Fragebögen (besonders im meCUE, der hier eine eigene Skala hat) sind aber Items, die diesen Aspekt abbilden vorhanden.

Typische Items zu diesem Aspekt sind[35]:

- Ich würde das Produkt gegen kein anderes eintauschen. (meCUE)

- Ich würde mir genau dieses Produkt jederzeit (wieder) zulegen. (meCUE)

- Ohne das Produkt kann ich nicht leben. (meCUE)

- How likely are you to recommend the website to a friend or colleague? (SUP-RQ)

- I would recommend it to a friend. (USE)

6.3.4 Haptik

Haushaltsgeräte oder Smartphones fasst man bei der Nutzung an. Es spielt hier natürlich für die Wahrnehmung des Produkts eine Rolle, wie sich dieses „anfühlt", d.h. ob es eine positive oder negative Haptik hat. Ein Smartphone soll gut in der Hand liegen, bei einem Staubsauger oder Fön kommt es auch auf Größe oder Gewicht an.

Die haptische Wahrnehmung wird durch verschiedene Faktoren beeinflusst, z.B. Form, Größe, Gewicht und die Oberflächeneigenschaften des Produkts (Härte, Wärme, Reibung, Rauigkeit, siehe Okamoto, Nagano & Ho, 2016). Bezüglich der Oberflächeneigenschaften gibt es eine von Boos & Brau (2017) entwickelte Skala mit den Items:

- stabil / instabil

- angenehm anzufassen / unangenehm anzufassen

- glatt / rau

- rutschig / rutschfest

---

[35] Deutsche Übersetzung der englischen Items: „Wie wahrscheinlich würden Sie die Web-Seite einem Freund oder Kollegen empfehlen?", „Ich würde das Produkt einem Freund empfehlen".

Eine generelle Skala, die alle Aspekte der Haptik erfasst, ist mir im Moment nicht bekannt.

6.3.5 Akustik

Manche Produkte verursachen Geräusche, die angenehm oder unangenehm sein können. Falls der Nutzer diesen für eine längere Zeit ausgesetzt ist, z.B. beim Staubsaugen oder wenn die Waschmaschine oder der Geschirrspüler in der Wohnung steht, kann das die User Experience erheblich beeinflussen. Eine super intuitive und effiziente Bedienoberfläche für ein Küchengerät wird schnell vergessen, wenn das Gerät dann beim Betrieb 30 Minuten lang einen störenden Lärm verursacht.

In klassischen Usability oder UX Fragebögen findet man keine Skala zu diesem Aspekt (die orientieren sich in der Regel an Software verschiedenster Art und da spielt das keine Rolle). Sehr wichtig ist der Aspekt aber für Haushaltsgeräte. Diese sondern leider beim Betrieb unweigerlich meist nicht allzu wohlklingende Geräusche ab (z.B. eine Waschmaschine beim Schleudern), die dem Besitzer oder Nutzer gehörig auf die Nerven gehen können. Dabei ist nicht nur die reine Lautstärke von Bedeutung, sondern generell der Klang, z.B. Schärfe und Rhythmus (Hülsmeier, Schell-Majoor, Rennies & van de Par, 2014).

Eine Skala zur Erfassung des akustischen Eindrucks wurde von Boos & Brau (2017) entwickelt. Diese Skala umfasst die folgenden 4 Items (in Form eines semantischen Differentials mit einer 7-stufigen Antwortskala):

- leise / lärmend
- wohlklingend / missklingend
- dröhnend / gedämpft
- schrill / sanft

6.3.6 *Inhaltsqualität*

Warum besuchen sie eine Web-Seite mehrmals? Vermutlich weil die dort angebotenen Inhalte oder Informationen interessant, wichtig und aktuell sind (Thielsch & Jaron, 2012). Dieser Aspekt wird als *Inhaltsqualität* bezeichnet. Er ist natürlich nur für sehr spezielle Produkte relevant, solche deren wesentliches Ziel ist Inhalte zum Nutzer zu transportieren. Also zum Beispiel ein Web-Auftritt eines Vereins (wo man als Mitglied aktuelle Termine findet oder sich als Nicht-Mitglied einfach mal informieren will), eine Online-Zeitschrift oder der Web-Auftritt einer Gemeinde.

Für ein Programm zur Textverarbeitung, eine Web-Seite zur Erfassung von Anträgen an die Stadtverwaltung oder ähnliche Services macht dieses Kriterium nicht wirklich Sinn.

Inhaltsqualität kann (zum Teil unter einem anderen Begriff) aber durchaus in manchen betriebswirtschaftlichen Anwendungen Sinn machen. Diese setzen ja als Inhalte steuerliche oder andere gesetzliche Vorgaben um. Die Qualität dieser Umsetzung bzw. ob die in der Anwendung realisierte Funktionalität den aktuellen gesetzlichen Vorgaben entspricht, kann man durchaus als eine Form der Inhaltsqualität deuten.

Items zur Inhaltsqualität sind nur in sehr speziellen Fragebögen enthalten.

Der WEBQUAL enthält mehrere Items zu diesem Aspekt[36]:

- The information on the Web site is pretty much what I need to carry out my tasks.
- The Web site adequately meets my information needs.
- The information on the Web site is effective.
- The text on the Web site is easy to read.

---

[36] Deutsche Übersetzung der englischen Items: „Die Informationen auf der Web-Seite sind ziemlich genau das, was ich brauche, um meine Aufgaben auszuführen", „Die Website entspricht meinen Informationsbedürfnissen in ausreichendem Maße", „Die Informationen auf der Website sind brauchbar", „Der Text auf der Web-Seite sind leicht zu lesen".

7 Welcher Fragebogen misst welche User Experience Aspekte?

Mit Hilfe der im letzten Kapitel erarbeiteten Kategorien kann man jetzt versuchen etwas genauer zu beschreiben, welche UX Aspekte von welchem UX Fragebogen erfasst werden. Das kann praktisch recht interessant sein. Nehmen wir mal an, wir haben ein klares Bild, welche UX Aspekte für ein Produkt wichtig sind (und das sollte man schon haben, bevor man Zeit für eine Evaluation mit einem Fragebogen aufwendet, mehr dazu im nächsten Kapitel). Man weiß aber nicht, welchen Fragebogen oder welche Kombination von Fragebögen man zur UX Evaluation des Produkts einsetzen will. Hat man eine Zuordnung zwischen UX Aspekten und vorhandenen Fragebögen, so wird die Auswahl erheblich leichter.

Zur Erstellung der folgenden Tabelle bin ich schlicht über alle Items der untersuchten Fragebögen (siehe die Liste am Anfang von Kapitel 5) gegangen und habe eine Zuordnung zu einem UX Aspekt vorgenommen (was allerdings nicht bei allen Items möglich war, d.h. es blieben bei manchen Fragebögen einige Items übrig, die irgendwie keiner der Kategorien so richtig entsprachen). Die Daten in Tabelle 1 beruhen auf meiner subjektiven Zuordnung von Fragebogen-Item und UX Aspekt (darf also jeder gerne hinterfragen und kritisieren).

Durch relativieren auf die Item-Zahl im Fragebogen lässt sich bestimmen, wie stark der entsprechende UX Aspekt in einem Fragebogen repräsentiert ist. Dabei habe ich nur die UX Aspekte aus dem letzten Kapitel aufgenommen, die nicht zu speziell sind. Enthalten sind alle pragmatischen und hedonischen Aspekte. Zusätzlich habe ich die Valenz mit aufgenommen, da dieser Aspekt in sehr vielen Fragebögen berücksichtigt wird.

Über die Korrelation dieser Daten ergibt sich damit ein Ähnlichkeitsmaß[37] für die Fragebögen, dass über eine multidimensionale Skalierung (Torgerson, 1958) graphisch dargestellt werden kann (siehe Abbildung 8). Multidimensionale Skalierung ist letztlich eine Methode Daten zu visualisieren. Man geht aus von einer Menge von Objekten (in unserem Fall Fragebögen). Für je zwei Objekte hat man eine Ähnlichkeit (die Ähnlichkeit ist eine Zahl, die über ein Ähnlichkeitsmaß errechnet wird). Die Objekte werden dann so in die Ebene projiziert, d.h. auf Punkte der Ebene abgebildet, dass die Distanzen zwischen den Punkten die Ähnlichkeit der Objekte möglichst gut abbilden.

---

[37] Pro Fragebogen ergibt sich dabei ein Datenvektor $(x_1, ..., x_{14})$, wobei der Wert x_i einfach die in der entsprechenden Spalte von Tabelle 1 stehende Zahl von Items dividiert durch die Anzahl von Items im Fragebogen (letzte Spalte der Tabelle) ist. Damit kann man dann eine Korrelation zwischen den Fragebögen berechnen.

Für unsere Abbildung 8 bedeutet das folgendes. Je geringer die Distanz zwischen zwei Fragebögen in der Grafik, desto höher ist ihre Ähnlichkeit, d.h. desto mehr entsprechen sich die von diesen Fragebögen realisierten Konzepte von UX. Oder in anderen Worten, je näher zwei Fragebögen in der Grafik liegen, desto ähnlicher ist, was diese messen.

	Valenz	Durchschaubarkeit	Übersichtlichkeit	Schönheit	Effizienz	Nützlichkeit	Stimulation	Originalität	Identität	Steuerbarkeit	Loyalität	Vertrauen	Anpassbarkeit	Anzahl Items
UEQ	5	3	2	1	3		3	4	1	4				26
Attrakdiff2	5	1	1	2	1	1	4	4	6	2				28
SUMI	9	19	1	1	6		2			9				50
SUS		7			1					1	1			10
ISONORM	1	12			4					13			5	35
meCue	8	3		1		3	4	1	4		9			33
VISAWI			5	8				3	2					18
PSSUQ	5	6	1	1	3					2	1			19
WAMMI	2	6		1	3					3				20
PUTQ		28	3		15					31				100
USE	9	6			2	8	1			1	2		1	30
ASQ	1	1			1									3
PUEU	1	2				6				2			1	12
QUIS	3	8	2		1		1			9				27
CSUQ	6	4	2		2					2				19
SUPR-Q	2		1	1							2	2		8
WEBQUAL	3	3		3	3	3		3	1				3	36
UMUX	2				1									3
ISOMETRICS		20			9					36			6	75

Tabelle 1: Zuordnung zwischen Items der Fragebögen und UX Aspekten.

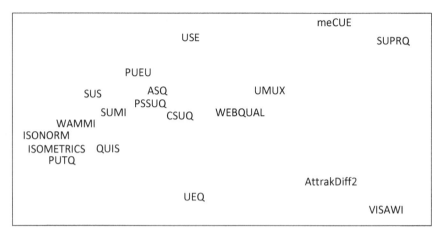

Abbildung 8: Multi-Dimensionale Skalierung der Fragebögen. Je kleiner die Distanz, desto ähnlicher sind die von zwei Fragebögen realisierten UX Konzepte.

Man kann die in Tabelle 1 beschriebenen UX Aspekte auf verschiedene Arten unterteilen. Eine gängige Unterteilung ist die in pragmatische bzw. hedonische Qualität (Hassenzahl, 2001). Eine andere Möglichkeit ist es, zwischen primären und sekundären Qualitäten zu unterscheiden. Die primären Qualitätsaspekte sind dabei direkte Wahrnehmungen von Produkteigenschaften, z.B. Effizienz, Schönheit, Originalität, etc. Die sekundären Qualitätsaspekte sind eher Schlussfolgerungen aus der positiven oder negativen Wahrnehmung der primären Qualitätsaspekte. Wenn ein Produkt z.B. effizient und durchschaubar erscheint, ist es vermutlich auch nützlich. Als sekundäre Qualitätsaspekte kann man *Nützlichkeit*, *Vertrauen*, *Loyalität* und *Valenz* auffassen.

In der Tat ist die gefundene Lösung der MDS mit einer solchen Einteilung gut zu erklären. Links stehen die Fragebögen, die stark auf pragmatische Qualitätsaspekte fokussieren (das sind fast ausschließlich die älteren Fragebögen), rechts die Fragebögen, die eher hedonische Qualitätsaspekte beinhalten. Oben stehen die Fragebögen, die auch sekundäre Qualitätsaspekte berücksichtigen, unten eher die, die ausschließlich primäre Qualitätsaspekte berücksichtigen.

Abbildung 8 gibt einen gewissen Einblick, wie sich verschiedene Fragebögen inhaltlich zueinander verhalten, d.h. wie ähnlich sich diese in Bezug auf die realisierten UX Konzepte sind. Fragebögen, die hier eng beieinanderliegen, messen sehr ähnliche Konstrukte. Für den reinen Praktiker ist das aber noch nicht ganz die richtige Information. Wenn bekannt ist, welche UX Aspekte man messen will, ist man in der Regel nur an kompletten Skalen interessiert. D.h. es ist wenig hilfreich, wenn zwar 2 von 5 Items einer Skala einem gewünschten UX Aspekt zugeordnet werden können, aber die Skala an sich nicht exakt den gewünschten

UX Aspekt misst. Man braucht zur Messung eines UX Aspekts eigentlich einen Fragebogen, der eine komplette Skala für diesen Aspekt spendiert. Deshalb nun eine umgekehrte Sicht, in der pro UX Aspekt die Fragebögen gelistet sind, die diesen Aspekt mit einer ganzen Skala abdecken.

UX Aspekt	Passende Fragebögen
Effizienz	UEQ (Effizienz), PUTQ (Minimal Action), WAMMI (Efficiency), WEBQUAL (Usefullness-Interactivity), ISOMETRICS (Aufgaben-angemessenheit), ISONORM (Aufgabenangemessenheit)
Durchschau-barkeit	UEQ (Durchschaubarkeit), ISOMETRICS (Erlernbarkeit), PUTQ (Learnability & Consistency), QUIS (Learning) USE (Ease of Learning), WAMMI (Learnability & Helpfulness), WEBQUAL (Ease of use-Understanding), ISOMETRICS (Lernförderlichkeit & Erwartungskonformität & Selbstbeschreibungsfähigkeit)
Übersichtlich-keit	QUIS (Screen)
Steuerbarkeit	UEQ (Steuerbarkeit), PUTQ (Minimal Memory Load, Perceptual Limitation, User Guidedance), QUIS (Terminology and System Info & System Capabilities), WAMMI (Controlability), ISOMETRICS (Fehlerrobustheit, Steuerbarkeit), ISONORM (Fehlertoleranz, Steuerbarkeit)
Anpassbarkeit	ISOMETRICS (Individualisierbarkeit), ISONORM (Individualisierbarkeit), PUTQ (Flexibility)
Nützlichkeit	meCUE (Nützlichkeit), PUEQ (Usefulness), USE (Usefulness)
Originalität	UEQ (Originalität), WEBQUAL (Entertainment: Innovativeness)
Stimulation	UEQ (Stimulation), WEBQUAL (Entertainment: Flow, Emotional Appeal)
Identität	AttrakDiff2 (Identität), meCUE (Status)
Schönheit	VISAWI, meCUE (visuelle Ästhetik), SUPR-Q (Appearance), WEBQUAL (Entertainment-Visual Appeal)
Valenz	AttrakDiff2 (Attraktivität), UEQ (Attraktivität), QUIS (Overall Reaction), USE (Satisfaction), WAMMI (Attractiveness), WEBQUAL (Entertainment-Flow, Emotional appeal)
Vertrauen	SUPR-Q (Trust), WEBQUAL (Usefullness-Trust)
Verbundenheit	meCUE (Bindung & Loyalität & Nutzungsintention), SUPR-Q (Loyality)
Haptik	Spezielle Skala von Boos & Brau (2017)
Akustik	Spezielle Skala von Boos & Brau (2017)
Inhaltsqualität	WEBQUAL (USEFULNESS-Informational Fit-to-Task)

Tabelle 2: Fragebögen mit geeigneten Skalen für die in Kapitel 5 beschriebenen UX Aspekte. In Klammer steht immer der entsprechende Skalenname im Fragebogen.

Ich habe hier nur die Fragebögen gelistet, bei denen eine Skala den entsprechenden Aspekt relativ genau abbildet. Zum Beispiel hat der AttrakDiff2 eine Skala Pragmatische Qualität, deren Items aber verschiedene Aspekte (Effizienz, Übersichtlichkeit, Steuerbarkeit) beschreiben, d.h. hier ist *Pragmatische Qualität* als Oberbegriff dieser drei von mir unterschiedenen Qualitätsaspekte definiert. In solchen Fällen, habe ich die entsprechende Skala nicht gelistet, da sie die einzelnen Aspekte nicht separat abbildet. Es ist auch zu beachten, dass die Zuordnung nicht immer 100% zur Formulierung unserer UX Aspekte passt, d.h. minimale Bedeutungsunterschiede sind vorhanden. In den Fällen, wo ein UX Aspekt mehreren Skalen eines Fragebogens entspricht, sind diese in Tabelle 8 jeweils hintereinander gelistet.

Mit Hilfe dieser Tabelle lässt sich jetzt relativ einfach die für eine Fragestellung (eine Kombination von interessanten UX Aspekten) geeignete Kombination von Fragebögen ermitteln.

Ist man zum Beispiel an der Messung der UX Qualität einer betriebswirtschaftlichen Lösung interessiert, bei der die pragmatischen Aspekte *Effizienz*, *Durchschaubarkeit*, *Steuerbarkeit* wichtig sind und zusätzlich aus Marketinggründen *Originalität* und *Schönheit* gemessen werden sollen, ist vermutlich eine Kombination aus UEQ und VISAWI eine gute Lösung. Evaluiert man ein neues Smartphone, wo pragmatische Aspekte zwar auch wichtig, aber nicht so zentral sind, und Punkte wie Identität und Schönheit sehr wichtig sind, kann man entweder mit dem meCUE alleine oder mit einer Kombination von AttrakDiff2 und VISAWI zum Ziel kommen.

Schwierig wird es allerdings, wenn man zur Beantwortung der inhaltlichen Fragestellung eigentlich Fragebögen kombinieren müsste, die sehr unterschiedliche Strukturen und Item-Formate haben, z.B. den UEQ und den ISOMETRICS. Das wird praktisch für die Teilnehmer einer Untersuchung extrem unschön, da sie sich auf zwei Fragebögen und Antwortformate einstellen müssen. In solchen Fällen empfiehlt es sich, zwei Gruppen von Teilnehmern mit jeweils einem Fragebogen zu befragen, was aber natürlich den Aufwand für die Datenerhebung drastisch erhöht. Es kann in solchen Fällen auch angezeigt sein, einen eigenen Fragebogen zu erstellen. Mehr dazu in einem späteren Kapitel.

8 Wichtigkeit von User Experience Aspekten

Wir haben ja schon einige Male angedeutet, dass nicht alle UX Aspekte für alle Arten von Produkten gleich wichtig oder überhaupt wichtig sind. Das wollen wir uns im Folgenden etwas genauer ansehen.

Am einfachsten kann man sich die Abhängigkeit der Wichtigkeit eines UX Aspekts von der Art des Produkts an einigen Beispielen klarmachen. Nehmen wir mal an, wir haben es mit einer Anwendung zu tun, in der ein Mitarbeiter einer Firma wichtige persönliche Daten ändern kann. Zum Beispiel seine Bankverbindung, damit die nächste Überweisung seines Gehalts auch auf dem richtigen Konto landet.

Nun ist eine Änderung der Bankverbindung wegen des damit verbundenen Aufwands eine eher lästige Angelegenheit. Die meisten von uns werden hier nur tätig, wenn der Wechsel deutliche Vorteile mit sich bringt, oder wenn man sich so sehr über seine bisherige Bank geärgert hat, dass man zur Wiederherstellung eines ausgeglichenen Gemütszustands einfach wechseln muss. Für unsere Anwendung bedeutet das, dass wir von einer extrem seltenen Nutzung ausgehen können.

Schon aus dieser kurzen Einsicht wird klar, dass einige UX Aspekte völlig irrelevant sind, z.B. *Effizienz*, *Anpassbarkeit*, *Originalität*, *Stimulation*, etc. Wichtig ist bei einer solch selten genutzten Anwendung die *intuitive Bedienung*. Fragen wie das geht, will man in der Regel nicht und zwischen zwei Nutzungen vergehen Jahre, d.h. merken kann man sich hier auch nichts.

Eine weitere wichtige UX Qualität ist hier *Vertrauen*. Man ändert wichtige persönliche Daten und da will man natürlich sichergehen, dass nichts schiefgeht. Das gilt ebenfalls für *Steuerbarkeit*. Da das Gefühl von Sicherheit hier sehr zentral ist, sollte eine solche Anwendung für den Nutzer sehr transparent funktionieren, z.B. sehr klare Erfolgs- oder Fehlermeldungen ausgeben und den Nutzer am besten durch die notwendigen Dialoge führen. D.h. der Nutzer sollte die Anwendung mit dem sicheren Gefühl beenden, dass alles richtig geändert wurde.

Betrachten wir ein anderes Beispiel. Wir haben eine Anwendung über die Mitarbeiter einer Firma Angebote an die Kunden der Firma erfassen und dann an den Kunden schicken. Ein Mitarbeiter wird die Anwendung im Laufe eines schweißtreibenden Arbeitstages vermutlich recht häufig nutzen.

Klar ist damit schon mal, dass *Effizienz* der Bedienung sehr wichtig ist. *Intuitive Bedienung* eher weniger, da man bei solchen Anwendungen auf jeden Fall schon mal eine Einarbeitung in den betriebswirtschaftlichen Prozess und die firmeninternen Besonderheiten benötigt, d.h. niemand hier ganz ohne eine Einführung auskommt.

Vertrauen ist hier vermutlich auch nicht wichtig, die Anwendung wird ja von der eigenen Firma betrieben, d.h. Angst vor Datendiebstahl wird hier eher keine Rolle spielen. *Steuerbarkeit* ist aber auch hier ein wichtiger UX Aspekt. Der Nutzer möchte schon wissen, ob das Angebot korrekt an den Kunden geschickt wurde.

Wie die Beispiele zeigen, kann man bei vielen Anwendungstypen schon aus dem vermuteten Nutzungsszenario recht logisch anmutende Schlussfolgerungen zur Wichtigkeit bestimmter UX Aspekte finden.

Aber man kann bei solchen „logischen" Schlussfolgerungen auch immer mal danebenliegen. Deshalb lohnt es sich hier einen Blick auf eine Studie (Winter, Hinderks, Schrepp & Thomaschewski, 2017) zu werfen, in der die Wichtigkeit von UX Aspekten für eine größere Zahl von Produktkategorien systematisch untersucht wurde.

Für die Studie wurden 16 UX Aspekte verwendet. Diese sind weitgehend identisch zu den in diesem Buch besprochenen UX Aspekten. Jeder UX Aspekt wurde für die Studie mit einem kurzen Text erklärt:

- *Inhaltsqualität* (IN): Die Informationen, die mir das Produkt liefert, sind stets auf dem aktuellen Stand und von guter Qualität.
- *Anpassbarkeit* (AN): Ich kann das Produkt an meine persönlichen Vorlieben bzw. meinen persönlichen Arbeitsstil anpassen.
- *Durchschaubarkeit* (DU): Es fällt mir leicht die Bedienung des Produkts zu verstehen und zu erlernen.
- *Effizienz* (EF): Ich kann meine Ziele mit minimalem zeitlichem und physischem Aufwand erreichen. Das Produkt reagiert schnell auf meine Eingaben.
- *Immersion* (IM): Wenn ich mich mit dem Produkt beschäftige, vergesse ich die Zeit. Ich versinke völlig in der Beschäftigung mit dem Produkt.
- *Intuitive Bedienung* (IB): Ich kann das Produkt unmittelbar und ohne jegliche Einarbeitung oder Anleitung durch andere bedienen.
- *Nützlichkeit* (NÜ): Die Benutzung des Produkts bringt mir Vorteile. Es spart mir Zeit und Mühe und macht mich produktiver.
- *Originalität* (OR): Das Produkt ist interessant und ungewöhnlich gestaltet. Es erregt durch seine originelle Gestaltung mein Interesse.
- *Schönheit* (SC): Ich finde das Produkt ist schön und ansprechend gestaltet.
- *Identität* (ID): Das Produkt hilft mir Kontakte zu knüpfen und mich selbst positiv darzustellen.
- *Steuerbarkeit* (ST): Das Produkt reagiert immer vorhersehbar und konsistent auf meine Eingaben. Ich habe stets die volle Kontrolle über die Interaktion.

- *Stimulation* (SL): Ich finde das Produkt anregend und spannend. Es macht Spaß sich damit zu beschäftigen.

- *Übersichtlichkeit* (ÜB): Ich finde, die Benutzeroberfläche des Produkts wirkt aufgeräumt und übersichtlich.

- *Verbundenheit* (VB): Auch wenn es andere, gleichwertige Produkte für die gleichen Aufgaben gibt, würde ich das Produkt nicht wechseln.

- *Vertrauen* (VT): Meine eingegebenen Daten sind in sicheren Händen. Die Daten werden nicht missbraucht, um mich zu schädigen.

- *Wertigkeit* (WE): Ich finde das Produkt macht einen hochwertigen und professionellen Eindruck.

Die Teilnehmer sollten die Wichtigkeit dieser Qualitätsaspekte für mehrere Produktkategorien einschätzen. Damit sich die Teilnehmer eine klare Vorstellung von den Kategorien machen konnten, wurden diese mit einigen Beispielen bekannter Produkte aus der Kategorie beschrieben. Folgende Produktkategorien waren vorgegeben:

- *Textverarbeitung:* Word, MS PowerPoint, Latex, Writer (OpenOffice)

- *Tabellenkalkulation:* Excel, Calc (OpenOffice)

- *Messenger:* WhatsApp, Facebook Messenger, Snapchat

- *Social Network:* Facebook, Xing, LinkedIn

- *Video-Konferenzen:* Skype, Facebook Videoanruf

- *Web-Shop:* Amazon, Conrad, Redcoon, ebay

- *Nachrichten-Portale:* Spiegel.de, Zeit.de, Sueddeutsche.de

- *Buchungssysteme:* Bahn.de (Ticket buchen), Lufthansa.de (Ticket buchen), booking.com, hrs.de (Hotelzimmer buchen)

- *Info-Web-Seiten:* Vereinswebseite, Webseite der Gemeinde

- *Lernplattformen:* Moodle, openelms

- *Programmier-Umgebungen:* VisualStudio, Eclipse

- *Software für Bildbearbeitung*: Photoshop, gimp

- *Onlinebanking:* Onlinebanking der eigenen Bank, Starmoney

- *Video-Portale:* Youtube, Netflix, Amazon Prime

- *Spiele:* WOW, Minecraft

Die Befragung wurde durchgeführt, in dem eine Excel-Liste mit den UX-Faktoren als Zeilen und den Produktkategorien als Spalten verschickt wurde. Jede Zelle konnte mit den Werten -3 (total unwichtig) bis +3 (total wichtig) bewertet werden. Die Teilnehmer konnten markieren, dass die Produktkategorie und der UX-Faktor nicht zusammenpassten, d.h. hatten auch die Möglichkeit keine Wichtigkeitseinschätzung abzugeben. 58 Studierende einer deutschen Hochschule nahmen an der Untersuchung teil.

Abbildung 9 zeigt die Mittelwerte der eingeschätzten Wichtigkeiten pro UX-Faktor und Produktkategorie. Hier werden pro untersuchter Produktkategorie die Mittelwerte der Wichtigkeiten der UX-Faktoren (skaliert von -3 bis +3) als Balken-Diagramm angezeigt. Die Trennlinie pro Zeile markiert den 0 Punkt der Skala, d.h. nach oben weisende Balken repräsentieren positive Werte, nach unten zeigende Balken entsprechend negative Werte.

Wie man leicht sehen kann, unterscheiden sich die Produktkategorien deutlich in Bezug auf die Einschätzungen der Teilnehmer bzgl. der Wichtigkeit der UX Aspekte. Für verwandte Kategorien (z.B. Textverarbeitung und Tabellenkalkulation) ergeben sich zudem sehr ähnliche Muster. Die Art des Produkts und damit das mit einem Produkt verbundene Nutzungsszenario bestimmt also, wie wichtig oder unwichtig bestimmte UX Aspekte im Mittel sind.

In der Studie wurden recht hohe Standardabweichungen bzgl. der Wichtigkeitsurteile gefunden, d.h. hier gibt es zusätzlich zwischen verschiedenen Personen offenbar massiv abweichende individuelle Unterschiede in Bezug darauf, was wichtig ist.

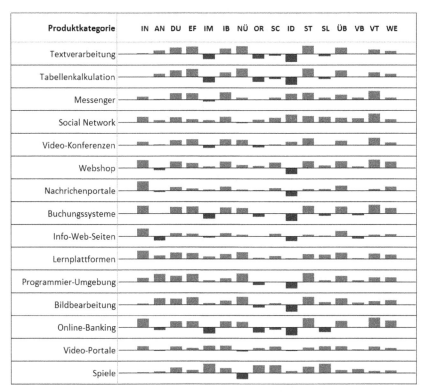

Produktkategorie	IN	AN	DU	EF	IM	IB	NÜ	OR	SC	ID	ST	SL	ÜB	VB	VT	WE
Textverarbeitung																
Tabellenkalkulation																
Messenger																
Social Network																
Video-Konferenzen																
Webshop																
Nachrichenportale																
Buchungssysteme																
Info-Web-Seiten																
Lernplattformen																
Programmier-Umgebung																
Bildbearbeitung																
Online-Banking																
Video-Portale																
Spiele																

Abbildung 9: Mittelwerte der Wichtigkeiten für Inhaltsqualität (IN), Anpassbarkeit (AN), Durchschaubarkeit (DU), Effizienz (EF), Immersion (IM), Intuitive Bedienung (IB), Nützlichkeit (NÜ), Originalität (OR), Schönheit (SC), Identität (ID), Steuerbarkeit (ST), Stimulation (SL), Übersichtlichkeit (ÜB), Verbundenheit (VB), Vertrauen (VT), Wertigkeit (WE).

Nun sind das natürlich gruselig viele schwer zu überschauende Daten. Für die praktische Anwendung können wir das aber massiv vereinfachen. Dazu teilen wir die Wichtigkeitsdaten pro Zelle der Tabelle in zwei Kategorien ein:

- Werte > 1,5 zeigen, dass der UX Aspekt im Mittel als „Wichtig" bzw, „Sehr Wichtig" eingeschätzt wurde. Diese UX Aspekte sollte man in Evaluationen für die entsprechende Produktkategorie eigentlich immer berücksichtigen.

- Alle anderen UX Aspekte kann man erst mal aus Nutzersicht vernachlässigen. D.h. das sind Kandidaten, bei denen man für das konkrete Produkt entscheiden muss, ob man diese bei einer UX Messung miterfassen will. Dies wird weiter unten noch erklärt.

Wendet man diese Logik an, so kommt man für die Produktkategorien zu folgender Sicht:

Produktkategorie	Auf jeden Fall berücksichtigen
Textverarbeitung	Steuerbarkeit, Nützlichkeit, Effizienz, Übersichtlichkeit, Durchschaubarkeit, Intuitive Bedienung
Tabellenkalkulation	Nützlichkeit, Steuerbarkeit, Effizienz, Durchschaubarkeit, Übersichtlichkeit
Messenger	Vertrauen, Intuitive Bedienung, Steuerbarkeit, Durchschaubarkeit, Effizienz, Identität
Social Network	Vertrauen, Identität, Steuerbarkeit, Intuitive Bedienung, Stimulation, Inhaltsqualität, Durchschaubarkeit
Video Konferenzen	Vertrauen, Steuerbarkeit, Effizienz, Intuitive Bedienung, Nützlichkeit
Web Shop	Vertrauen, Inhaltsqualität, Steuerbarkeit, Übersichtlichkeit, Wertigkeit, Durchschaubarkeit, Intuitive Bedienung, Schönheit
Nachrichten-Portale	Inhaltsqualität, Übersichtlichkeit
Buchungssysteme	Vertrauen, Steuerbarkeit, Inhaltsqualität, Effizienz, Übersichtlichkeit, Durchschaubarkeit, Intuitive Bedienung, Wertigkeit, Nützlichkeit
Info-Web-Seiten	Inhaltsqualität, Übersichtlichkeit
Lernplattformen	Inhaltsqualität, Nützlichkeit, Übersichtlichkeit, Durchschaubarkeit, Effizienz, Vertrauen, Steuerbarkeit, Intuitive Bedienung
Programmierumgebung	Steuerbarkeit, Nützlichkeit, Effizienz, Anpassbarkeit, Übersichtlichkeit, Durchschaubarkeit
Bildbearbeitung	Steuerbarkeit, Nützlichkeit, Effizienz, Anpassbarkeit, Übersichtlichkeit, Durchschaubarkeit
Online-Banking	Vertrauen, Steuerbarkeit, Inhaltsqualität, Wertigkeit, Übersichtlichkeit, Intuitive Bedienung, Effizienz Durchschaubarkeit, Nützlichkeit
Video Portale	keines > 1,5! Beste 5: Intuitive Bedienung, Immersion, Übersichtlichkeit, Inhaltsqualität, Vertrauen
Spiele	Immersion, Stimulation, Schönheit, Originalität, Steuerbarkeit, Durchschaubarkeit, Intuitive Bedienung

Tabelle 3: Welche UX Aspekte sollte man bei der Evaluation aus Sicht der Nutzer berücksichtigen? Die Reihenfolge der UX Aspekte entspricht den Wichtigkeiten, d.h. je höher die Wichtigkeit, desto weiter vorne steht der UX Aspekt. Es werden nur UX Aspekte mit einer Wichtigkeit > 1,5 aufgelistet.

Mit Hilfe der Tabelle 2 aus dem vorhergehenden Kapitel kann man damit auch pro Produktkategorie geeignete Fragebögen bestimmen.

Die Ergebnisse der Studie sind recht hilfreich, wenn es darum geht zu ermitteln, welche UX Aspekte für ein Produkt der beschriebenen Kategorien wichtig sind. Allerdings gibt es hier einige Punkte bzw. Einschränkungen, die man besser beachten sollte.

Erstens waren die Teilnehmer der Studie Studenten, d.h. eher junge Personen mit einem überdurchschnittlichen Bildungsniveau. Für andere Zielgruppen kann es durchaus Abweichungen bzgl. der Wichtigkeitsurteile geben. Wer also eine Web-Seite für Senioren entwirft und dann evaluieren möchte, sollte definitiv nochmal über die Relevanz der UX Aspekte nachdenken. Auf jeden Fall würde es Sinn machen, die Studie mit anderen Zielgruppen zu wiederholen, um ein Gefühl für die Allgemeingültigkeit zu bekommen.

Das gleiche gilt auch für kulturelle Einflüsse, d.h. in anderen Kulturkreisen kann es durchaus Abweichungen geben. Zum Beispiel zeigte eine Replikation dieser Studie (aktuell noch nicht publiziert) mit indonesischen Studenten zwar weitgehend die gleiche Reihenfolge der Wichtigkeiten pro Produktgruppe. Allerdings waren die hedonischen UX Aspekte im Verhältnis zu den pragmatischen UX Aspekten in der indonesischen Gruppe deutlich höher bewertet.

Andererseits, kann man aber auch ganz leicht selbst tätig werden. Da man ja bei jedem Evaluationsprojekt eine vorgegebene Produktkategorie (z.B. Web-Seite) hat, reicht es die Wichtigkeiten für diese eine Kategorie zu erfragen, was man über eine kleine Studie mit der richtigen Zielgruppe (z.B. Senioren) dann oft mit vertretbarem Aufwand erledigen kann.

Zum Beispiel kann man die Beschreibungen der UX Aspekte auf kleine Karten drucken. Diesen Kartenstapel kann man dann durch eine kleinere Zahl von Personen der Zielgruppe (mit 10 Teilnehmern bekommt man schon brauchbare Ergebnisse) in Bezug auf ihre Wichtigkeit in eine Rangreihe bringen lassen. Durch eine Berechnung der mittleren Rangposition (oder eine Skalierung der Daten) pro UX Aspekt bekommt man oft schon ein gutes Gefühl, welche UX Aspekte man in einer UX Evaluation wirklich bewerten lassen sollte. Hat man in dieser Phase keinen Zugriff auf Personen aus der Nutzergruppe, kann man die Reihenfolge auch von einem oder mehreren Experten, die das Produkt und die Nutzergruppe gut kennen, vornehmen lassen.

Wenn man sich für ein konkretes Produkt die Frage stellt, welche UX Aspekte wichtig sind und daher bei einer Evaluation gemessen werden sollten, wird man aber neben der Nutzersicht auch die Sicht des Anbieters berücksichtigen müssen.

Die Daten aus Tabelle 3 geben nur wieder, wie Nutzer die Wichtigkeit eines UX Aspekts für eine Produktkategorie sehen. Aber neben der Sicht der Nutzer gibt es auch immer die Sicht des Herstellers. Aus dessen Perspektive ergeben sich aber oft noch zusätzliche UX Aspekte, die für die Nutzer des Produkts nicht relevant sind, aber für die Positionierung des Produkts eine wichtige Rolle spielen.

Schauen wir dazu mal ein paar Beispiele an. Betrachten wir als erstes Beispiel eine Programmierumgebung. Wie man aus Tabelle 3 sehen kann, spielen Originalität und Schönheit aus Sicht der Nutzer keine Rolle, d.h. sind völlig unwichtig. Nehmen wir an, die Programmierumgebung sei ein neues Produkt und soll auf großen Events durch Präsentationen und Produktdemos vorgestellt werden. Bei solchen Aktionen geht es natürlich auch darum, die Aufmerksamkeit auf das Produkt zu ziehen, d.h. Originalität und Schönheit des User Interface sind aus dieser Sicht (d.h. einer Marketing-Sicht) sehr relevante Aspekte.

D.h. wenn es darum geht zu entscheiden, welche UX Aspekte für eine Evaluation berücsichtig werden sollen, muss man immer zwei Schritte gehen. Erstens muss man ermitteln, welche UX Aspekte aus Sicht der Nutzer des Produkts wichtig sind. Zweitens muss man diese Liste um die UX Aspekte erweitern, die aus Sicht des Anbieters (d.h. meist aus Marketing-Gründen) relevant sind. Letztlich zahlt meist der Hersteller eines Produktes die Rechnung für die UX Aktivitäten und da sollte man dessen spezielle Wünsche schon sehr ernst nehmen.

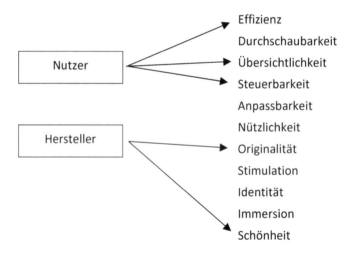

Abbildung 10: Wichtigkeit aus Sicht der Nutzer und des Herstellers an einem hypothetischen Beispiel.

Ziel dieses Kapitels war es herauszuarbeiten, dass die Wichtigkeit bzw. Relevanz eines UX Aspekts sehr stark vom untersuchten Produkt abhängen kann. Es ist also wichtig sich klar zu machen, welche UX Aspekte eine Rolle spielen. Nur dann kann man eine vernünftige Evaluation planen und z.B. die geeigneten Fragebögen für die Evaluation auswählen.

9 Was muss man bei der Datenerhebung beachten?

Hat man sich klargemacht, welche UX Aspekte man evaluieren sollte und auch schon einen oder mehrere UX Fragebögen gefunden, mit denen man das Spektrum dieser UX Aspekte abdecken kann, braucht man nur noch Daten. D.h. man muss eine Menge von Nutzern finden, die bereit und fähig sind, Fragen zur User Experience des Produkts zu beantworten.

Es gibt natürlich eine Vielzahl an Möglichkeiten an Fragebogen-Daten zu kommen. Ich beschränke mich hier auf die typischen Szenarien.

9.1 Fragebogen im Anschluss an einen Usability Test

Wie wir in Kapitel 3 schon gesehen haben, ergänzen sich ein klassischer Usability Test und ein UX Fragebogen sehr gut. Deshalb ist es nicht wirklich überraschend, dass im Anschluss an den Test oft noch ein UX Fragebogen an die Testteilnehmer ausgegeben wird.

Bei einem Usability Test bearbeitet der Teilnehmer ja eine Reihe von Aufgaben mit dem Produkt. Nach dieser Phase folgt meist eine Diskussion über die Erfahrungen und Meinungen zum Produkt mit dem Moderator des Tests oder anderen Personen, die den Test beobachtet haben und Fragen an den Teilnehmer haben.

Man sollte einen UX Fragebogen unbedingt direkt zwischen Ende der Aufgabenbearbeitung und der Diskussion ausgeben! Man ist ja an einem möglichst direkten Eindruck des Teilnehmers zum Produkt interessiert. Dieser Eindruck wird sich aber im Rahmen der Diskussion verändern, d.h. der Teilnehmer wird durch diese nicht unwesentlich beeinflusst werden (z.B. einige Punkte die ihn massiv gestört haben als weniger problematisch empfinden, nach dem ihm der Moderator eine Erklärung geliefert hat, warum das Produkt so bescheuert funktioniert).

Weiterhin ist zu beachten, dass die Teilnehmer eines Usability Test bisher evtl. noch wenig bis keine Erfahrung mit UX Fragebögen haben. Speziell bei Fragebögen mit einem nicht so gängigen Format, z.B. semantischen Differentialen, ist hier Vorsicht geboten.

Stellen Sie sich mal vor, sie haben noch an keinem Usability Test teilgenommen, sind von der Ausbildung her Betriebswirt und haben gerade eine Stunde lang eine ERP Software getestet. Dann wird ihnen lächelnd und kommentarlos ein Fragebogen (z.B. der UEQ) überreicht und sie sehen Items wie:

gut	o o o o o o o	schlecht
langweilig	o o o o o o o	spannend
kreativ	o o o o o o o	phantasielos

Hat man einen Fragebogen dieser Art noch nie gesehen, wirkt das vermutlich zuerst etwas befremdlich (etwas impulsivere Teilnehmer fühlen sich vielleicht verarscht). Und wenn etwas befremdlich und auf den ersten Blick unverständlich erscheint, wird man sich auch nicht extrem viel Mühe geben, den Fragebogen sorgfältig auszufüllen!

Das Problem tritt sicher eher mit moderneren Frageformaten auf, z.B. semantischen Differentialen. Bei ganzen Aussagen, die sich klar auf Produktmerkmale beziehen, ist es meist direkter ersichtlich, was das Ganze soll.

Wichtig ist aber auf jeden Fall den Testteilnehmer vor dem Aushändigen des Fragebogens inhaltlich abzuholen. Zum Beispiel in dem der Moderator motiviert, warum der Fragebogen ausgefüllt werden soll („Es wäre schön, wenn Sie noch einen Fragebogen ausfüllen könnten, der Ihren persönlichen Eindruck erfasst, den sie vom getesteten Produkt gewonnen haben") und das es sich um einen etablierten Fragebogen zur Messung der Nutzerfreundlichkeit handelt. Das unterstreicht, dass es sich hier um relevante Informationen handelt und motiviert den Teilnehmer sich hier auch Mühe zu geben.

9.2   Online-Fragebögen verwenden

Online-Fragebögen sind zweifelsohne eine sehr bequeme Art Feedback einzuholen. Man kann ohne große Mühe einen Fragebogen an eine große Zahl von Personen schicken bzw. diesen direkt im zu evaluierenden Produkt (z.B. in einem Web-Shop) verfügbar machen (z.B. wenn man den Nutzer beim Abmelden auf den Online-Fragebogen weiterleitet). Mit Tools wie LimeSurvey (www.limesurvey.org/de/) oder Surveymonkey (www.limesurvey.org/de/) lassen sich solche Fragebögen auch fast ohne technische Kenntnisse erstellen und mit relativ überschaubaren Kosten auch Online stellen. Das erklärt auch deren starke Beliebtheit.

Allerdings haben Online-Befragungen auch gewisse Nachteile. Man hat in der Regel keine wirkliche Kontrolle, wer an den Befragungen teilnimmt und auch die Qualität der Daten ist in der Regel geringer als bei direkten Befragungen von Nutzern. Die Hemmschwelle, hier einfach mal Unsinn einzutragen, ist bei solchen Online-Befragungen sehr gering. Deshalb ist es hier besonders wichtig, die Datenqualität zu kontrollieren und offensichtlich unsinnige Antworten vor der Auswertung zu entfernen (mehr dazu im nächsten Kapitel).

Gerade wenn man Teilnehmer mit einer Vergütung motiviert, muss man mit einigen unerwünschten Seiteneffekten rechnen. Eine typische Vergütung ist in solchen Fällen die Teilnahme an einer Verlosung, bei der es einige wenige, aber durchaus attraktive Preise zu gewinnen gibt. Es gibt in solchen Fällen immer eine gewisse Anzahl an Teilnehmern, die das Ausfüllen des Fragebogens dann nur als lästige Hürde zur Teilnahme an der Verlosung sehen, d.h. den Fragebogen möglichst schnell durchklicken, ohne wirklich über ihre Antworten nachzudenken.

Nun ist die Alternative einfach keine Preise oder sonstige Vergütungen für die Teilnahme auszusetzen und darauf zu vertrauen, dass es genügend Teilnehmer mit intrinsischer Motivation gibt, leider meist auch ziemlich unrealistisch. Gerade weil Online-Befragungen so einfach und kostengünstig durchgeführt werden können, sind wir leider alle einer Flut solcher Befragungen ausgesetzt, d.h. die Bereitschaft freiwillig Feedback zu irgendwelchen Fragen zu geben sinkt.

Es gibt natürlich Szenarien, wo die rein intrinsische Motivation ausreicht und in diesen Fällen sollte man auch keine weiteren Anreize verwenden. Ein Beispiel ist eine Befragung, bei der Mitglieder eines Vereins gebeten werden, den Web-Auftritt ihres Vereins zu beurteilen. Oder Mitarbeiter einer Firma gebeten werden, das Firmen-Intranet zu bewerten. Hier haben die angesprochenen Personen (oder zumindest hoffentlich eine genügend große Zahl von ihnen) eine gewisse Eigenmotivation (Verbundenheit mit dem Verein, Interesse das Intranet in Zukunft zu verbessern) zur Teilnahme. In anderen Fällen wird man aber auf eine zusätzliche Motivation der Teilnehmer nicht verzichten können.

Gerade weil man bei Online-Befragungen keine wirkliche Kontrolle über die Teilnehmer hat, sollte man hier dem eigentlichen UX Fragebogen auch einige Fragen nach demographischen Daten (Alter, Geschlecht, etc.) voranstellen.

9.3   Teilnehmer nicht durch die Instruktion beeinflussen

Wir hatten ja oben schon gesehen, dass man einen Fragebogen im Rahmen eines Usability Tests immer direkt nach der Bearbeitung der Aufgaben und vor der Diskussion mit dem Teilnehmer ausfüllen lassen sollte. Das stellt einfach sicher, dass man die Teilnehmer nicht durch die Diskussion positiv oder negativ beeinflusst.

Ähnliche Effekte muss man auch im Auge behalten, wenn man einen Fragebogen Online verschickt. Auch hier ist natürlich immer eine gewisse Instruktion der Teilnehmer erforderlich. D.h. man muss in einem Anschreiben (falls der Fragebogen per E-Mail versendet wird) motivieren, warum man die Einschätzung der angeschriebenen Teilnehmer benötigt und was man mit den Daten macht.

Beim Verfassen eines solchen Anschreibens sollte man unbedingt vermeiden, die Teilnehmer schon zu beeinflussen. Schauen wir uns ein Beispiel an.

Nehmen wir mal an, wir haben die Web-Seite einer Hochschule und auch eine Liste mit E-Mail-Adressen der Studenten. Wir ziehen zufällig eine große Zielgruppe aus der Liste aller Studenten und versenden einen Fragebogen per E-Mail. Die E-Mail enthält ein generelles Anschreiben und einen Link zum Online-Fragebogen.

Welche der folgenden Formulierungen sollten wir wählen:

- Wir sind immer bemüht die Qualität unserer Dienstleistungen für unsere Studenten zu verbessern. Wir würden Sie daher bitten, den folgenden Fragebogen zur Qualität unserer Web-Seite auszufüllen.

- Sie haben sicher in den letzten Monaten die Web-Seite unserer Universität besucht. Wir sind natürlich daran interessiert, wie zufrieden oder unzufrieden sie mit dieser Web-Seite sind und würden Sie daher bitten, den folgenden Fragebogen auszufüllen.

- In den letzten Monaten haben sich zahlreiche Studenten über die Web-Seite unserer Universität beschwert. Damit wir ein besseres Bild bekommen, an welchen Stellen der dringendste Verbesserungsbedarf liegt, würden wir Sie bitten den folgenden Fragebogen auszufüllen.

Nun ich denke es ist völlig klar, dass Alternative 3 extrem problematisch ist. Es wird hier schon suggeriert, dass die Web-Seite ein Problem hat. Damit wird bei den Teilnehmern schon eine Erwartungshaltung generiert und diese werden sich mit Sicherheit bei der Beantwortung der Fragen eher an negative Eindrücke zur Web-Seite erinnern, als an positive. Das Ergebnis wird entsprechend negativer auffallen, als bei einer neutralen Instruktion.

Auch Alternative 1 hat ein Problem, wenn dieses auch deutlich kleiner ist. Auch hier wird schon über die Formulierung („Qualität verbessern") suggeriert, dass es etwas zu verbessern gibt. Der Effekt ist hier sicher nicht so massiv, wie bei Formulierung 3, aber warum sollte man ein solches Risiko einer Verfälschung des Eindrucks eingehen?

Alternative 2 ist in Bezug auf die Qualität der Seite völlig neutral. Es gibt hier keinen Hinweis auf gute oder schlechte Qualität und diese Art der Instruktion sollte eigentlich völlig unproblematisch sein.

9.4 Passt der Fragebogen zur Zielgruppe?

Ein weiterer wichtiger Punkt, den man auf jeden Fall klären muss, bevor man viel Mühe auf die Erhebung von Daten verschwendet, ist ob der Fragebogen auch für die intendierte Zielgruppe geeignet ist. Hier kann es durchaus passieren, dass ein durchaus solide konstruierter und etablierter Standardfragebogen für bestimmte Zielgruppen nicht funktioniert. Am besten lässt sich das mit konkreten Beispielen erklären.

In einem mir bekannten Projekt sollte der UEQ für die Evaluation einer Web-Seite für Kinder und Jugendliche eingesetzt werden. An sich ist der UEQ als semantisches Differential sehr leicht verständlich und breit einsetzbar. In diesem konkreten Projekt gab es aber massive Probleme, einfach deshalb, weil die befragten Kinder zu jung waren und daher bei einigen Items massive Verständnisprobleme auftauchten.

Die Probleme konnten dabei in zwei Kategorien eingeteilt werden:

- Das Item enthielt Fremdwörter, deren exakte Bedeutung den Kindern nicht bekannt waren. Beispiele sind die Begriffspaare *konservativ/innovativ* oder *erwartungskonform/nicht erwartungskonform*, etc.

- Die Gegensatzpaare des Items waren zwar verständlich, aber die Übertragung auf den Kontext der Bewertung eines interaktiven Produkts erforderte ein hohes Maß an Abstraktion und führt leicht zu Fehlinterpretationen. Ein Beispiel war das Begriffspaar *wertvoll/minderwertig*.

Die beobachteten Probleme führten letztlich zur Konstruktion einer speziellen UEQ Version für Kinder und Jugendliche, in der versucht wurde die kritischen Items durch Begriffspaare zu ersetzen, die eher dem Sprachverständnis von Kindern entsprechen (siehe Hinderks, Schrepp, Rauschenberger, Olschner, Thomaschewski, 2012).

Probleme können auch entstehen, wenn die befragte Zielgruppe wenig Erfahrung mit Fragebögen hat und die Art des Fragebogens mit Erwartungen und Selbstbild der befragten Nutzer in Konflikt gerät.

Stellen wir uns mal vor, wir evaluieren eine neue Version einer Finanzsoftware. Die Nutzer sind leitende Mitarbeiter von Banken (die ja eine eher konservativere Klientel sind). Wenn man hier einen Fragebogen Online versendet, sehen sich diese leitenden Mitarbeiter plötzlich mit Fragen wie:

- stilvoll o o o o o o o stillos (AttraktDiff2)

- Das Produkt ist wie ein Freund für mich. (meCUE)

- langweilig o o o o o o o spannend (UEQ)

konfrontiert. Wenn man so was nicht kennt und nicht darauf vorbereitet wird, was das Ganze soll, können solche Fragen leicht Reaktanz auslösen und damit kann man die Ergebnisse vergessen („Machen die einen Witz? Wieso sollte meine Finanzbuchhaltung spannend sein? Ist doch kein Krimi?"). Bei eher klassischen Usability Fragebögen ist dieses Risiko geringer, da hier die Items meist Aussagen sind, die sich konkret auf Produkteigenschaften beziehen, z.B.

- Fehler bei der Eingabe von Daten (z.B. in Bildschirmmasken oder Formulare) können leicht rückgängig gemacht werden. (ISOMETRICS)

Das heißt natürlich nicht, dass man semantische Differentiale oder Fragebögen mit einem eher modernen Item-Format nicht auch in solchen Fällen verwenden kann. Man muss die Teilnehmer hier aber abholen, z.B. wie oben schon beschrieben, in dem man beim Anschreiben oder in der Instruktion erwähnt, dass es sich um einen etablierten UX Standardfragebogen handelt, der das direkte emotionale Erleben der Software-Nutzung (das ist ein hinreichend schwammiger psychologisch angehauchter Begriff, mit dem sich dann auch konservativere Teilnehmer das für sie ungewohnte Item-Format erklären können) messen soll.

Um Probleme dieser Art zu vermeiden, bietet es sich bei speziellen Zielgruppen (mit denen man noch keine Erfahrung hat) an, einen kleinen Vortest zu machen. Hier kann man zunächst mit wenigen Teilnehmern testen, ob es mit der Verwendung des Fragebogens Probleme gibt, bevor man den Fragebogen an eine große Gruppe von Personen verteilt.

10 Auswertung

Hat man erfolgreich Daten erhoben, steht die Auswertung an. Hier können einige statistische Grundkenntnisse nichts schaden, die wir in diesem Kapitel· kurz einführen wollen.

Wie die Auswertung konkret vorzunehmen ist, hängt natürlich vom verwendeten Fragebogen ab. Viele Fragebögen geben hier Hilfestellungen über Beschreibungen in einem Handbuch oder auch vorgefertigte Auswertungstools, z.B. in Excel. In diese Auswertungstools muss man eigentlich nur noch die Daten eingeben und bekommt dann schon direkt die wichtigsten Auswertungen präsentiert.

Das ist natürlich super bequem, hat aber auch seine Tücken. Oft lohnt es sich doch etwas Zeit und Mühe zu investieren, um etwas genauer in die Ergebnisse zu sehen. Hier öffnen sich manchmal zusätzliche Informationsquellen, die helfen wichtige Erkenntnisse aus den Daten zu ziehen oder Fehlinterpretationen zu vermeiden.

In diesem Kapitel werde ich versuchen, einige wichtige Vorgehensweisen zu erläutern, die auf viele Fragebögen anwendbar sind. Diese sollen dem Anwender helfen, die Daten richtig zu interpretieren.

Auch wenn es Zeit kostet, Mühe macht und sich oft im Nachhinein als unnötig entpuppt, lohnt sich doch meist eine genauere Untersuchung der Daten. Hat man erst mal falsche Schlüsse aus Daten gezogen, sind diese meist im Nachgang schwer zu erkennen und wer will schon falsche Schlussfolgerungen aus den mühevoll erhobenen Daten ziehen?

10.1 Einige statistische Grundkonzepte

So ganz ohne statistische Grundkenntnisse ist das Arbeiten mit Fragebögen etwas schwierig. Ich will hier keine Einführung in die Statistik geben. Dafür gibt es Unmengen guter Lehrbücher. D.h. ich setze mal voraus, dass der Leser weiß, was Mittelwerte, Standardabweichungen oder Signifikanztests sind, d.h. was diese Begriffe statistisch bedeuten und wie sie definiert sind. Besprechen werde ich aber, wie man diese Grundkonzepte bei der Interpretation von Fragebögen anwendet und welche Fallstricke es hier gibt.

10.1.1 Skalenmittelwerte und Konfidenzintervalle

Die meisten UX Fragebogen bieten mehrere Skalen an, d.h. inhaltlich mehrere UX Aspekte. Das wichtigste Element der Auswertung ist in diesen Fällen ganz klar eine Übersicht der Skalenmittelwerte.

Die folgende Grafik zeigt exemplarisch eine solche Auswertung aus dem UEQ (aus dem mit dem Fragebogen mitgelieferten Auswertungstool entnommen). Die

Auswertungen anderer Fragebögen sehen hier aber natürlich (mit anderen Skalennamen) weitgehend identisch aus.

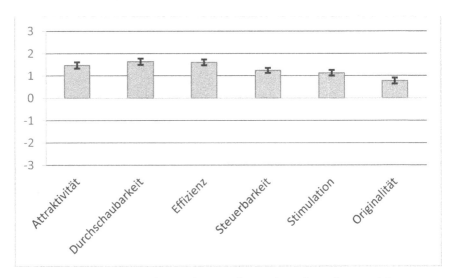

Abbildung 11: Skalenmittelwerte des UEQ für ein hypothetisches Produkt.

Neben den reinen Skalenmittelwerten (d.h. den Mittelwerten über alle Antworten von Personen und alle Items, die der Skala zugeordnet sind) ist hier auch das Konfidenzintervall (über die Linie auf der Spitze der Balken visualisiert) von Bedeutung.

Das Konfidenzintervall (bzw. die Breite des Intervalls) gibt Auskunft darüber, wie genau der Mittelwert der Skala gemessen wurde. Nehmen wir mal an, wir messen mit dem UEQ die UX eines Web-Shops. Wir befragen dazu 50 zufällig ausgewählte Nutzer. Nun haben nicht alle Nutzer die gleiche Meinung zum Web-Shop, d.h. die Antworten verschiedener Nutzer unterscheiden sich. Wenn wir also zweimal jeweils 50 Nutzer zufällig ziehen, werden wir in beiden Untersuchungen abweichende Skalenmittelwerte für die UEQ Skalen bekommen. D.h. Sampling-Effekte bei der Auswahl der Teilnehmer führen zu unterschiedlichen Ergebnissen.

Stellen wir uns nun vor, wir könnten die Messung mit dieser Fragebogen-Skala beliebig oft wiederholen. Das Konfidenzintervall zu einer vorgegebenen Irrtumswahrscheinlichkeit α (in der Regel wählt man α = 0.05, d.h. eine Irrtumswahrscheinlichkeit von 5%) ist dann der Bereich, in dem die gemessenen Skalenwerte der Wiederholungen mit einer Wahrscheinlichkeit 1-α liegen. Bei α = 0.05 liegen also 95% dieser hypothetischen Wiederholungen innerhalb des Konfidenzintervalls und 5% außerhalb.

Das kann man auch sehr schön durch eine kleine Simulation zeigen. Für ein Produkt liegt ein größerer Datensatz mit dem UEQ vor (mehrere hundert Daten).

Nehmen wir mal hypothetisch an, dass dies die Grundgesamtheit aller Nutzer repräsentiert. Aus diesem Datensatz ziehen wir nun für die UEQ Skala Durchschaubarkeit (4 Items) 1000 mal eine Stichprobe von 30 zufällig ausgewählten Personen und berechnen jeweils den Skalenmittelwert. Die Ergebnisse sind in Abbildung z dargestellt. Wir sehen eine gewisse Streuung der Ergebnisse.

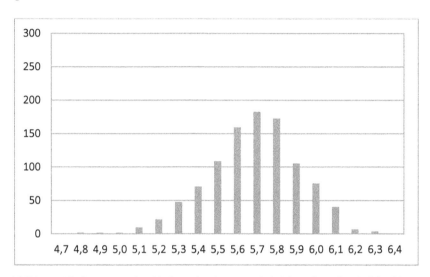

Abbildung 12: Streuung des Skalenmittelwerts mit Stichproben der Größe 30.

Nun kann man eine Messung mit einem UX Fragebogen nicht beliebig oft wiederholen, d.h. das Konfidenzintervall durch viele Messungen berechnen. Kennt man aber den Skalenmittelwert und dessen Standardabweichung, so kann man das Intervall aus den Daten einer Studie schätzen (unter einer Annahme über die Verteilung des Mittelwerts, typischerweise nimmt man eine Normalverteilung an).

Wovon hängt die Breite des Konfidenzintervalls ab? Es gibt im Wesentlichen (neben der Irrtumswahrscheinlichkeit, die man natürlich festlegen muss) zwei relevante Einflussgrößen. Wenn sich alle befragten Personen bzgl. ihrer Einschätzung des UX Aspekts sehr einig sind (d.h. die Standardabweichung klein ist), hat natürlich die zufällige Auswahl der Teilnehmer einen geringeren Einfluss, als wenn verschiedene Personen eine sehr unterschiedliche Einschätzung abgeben. D.h. je geringer die Standardabweichung, desto schmaler ist das Konfidenzintervall.

Auch die Größe der Stichprobe hat einen Einfluss. Je größer die Stichprobe, desto genauer wird die Schätzung des Mittelwerts in der Gesamtpopulation durch die Stichprobe. D.h. je größer die Stichprobe, desto schmaler ist das Konfidenzintervall.

Das kann man auch sehr nett an einer zweiten Simulation verdeutlichen. Wenn wir statt 30 Teilnehmern auf 50 Teilnehmer gehen, ist die Streuung der Skalenmittelwerte deutlich geringer.

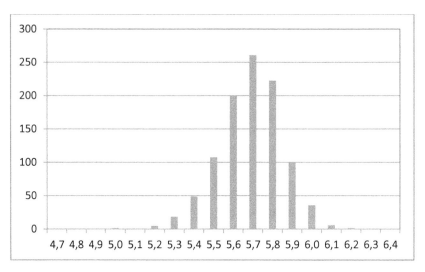

Abbildung 13: Streuung des Skalenmittelwerts mit Stichproben der Größe 50.

Konfidenzintervalle helfen ungemein, um eine Überinterpretation der Ergebnisse eines UX Fragebogens zu vermeiden. Hat man nur eine kleine Stichprobe befragt oder gibt es bei den befragten Personen eine große Uneinigkeit bzgl. der Einschätzung des Produkts, so sind die Konfidenzintervalle der Skalen in der Regel groß. In einem solchen Fall ist der gemessene Wert offenbar sehr ungenau und sollte daher vorsichtig interpretiert werden. Die Wahrscheinlichkeit, bei einer Wiederholung der Messung unter den gleichen Bedingungen einen anderen Wert zu erhalten, ist in dem Fall einfach recht hoch. Wichtige Entscheidungen für die Zukunft eines Produkts oder einer neuen Produktversion sollte man aus solchen Daten keinesfalls ableiten.

10.1.2 Signifikanztests anwenden und interpretieren

Will man zwei Produkte vergleichen (z.B. eine neue Version mit der alten oder ein Produkt mit einem Konkurrenzprodukt) so stellt sich die Frage nach der statistischen Bedeutsamkeit (Signifikanz) von gefundenen Unterschieden in den Werten der Skalen. Nehmen wir an, wir haben für eine neue Version des Produkts den Wert 1,8 auf der UEQ Skala *Effizienz* gemessen. Für die alte Version wurde 1,5 ermittelt. Natürlich sind nicht alle Personen bzgl. der Effizienz des Produkts einer Meinung. D.h. solch ein Unterschied kann entweder durch eine wirkliche Verbesserung des Produkts oder durch etwas Glück bei der zufälligen Auswahl der jeweils befragten Personen zustande kommen.

Um diese Frage zu klären, ist es daher notwendig beide Ergebnisse über einen Signifikanztest zu vergleichen. Dies kann z.B. leicht über eine Statistiksoftware (auch Excel bietet solche Funktionen zur Datenanalyse) geschehen.

Allerdings gibt es in Bezug auf den Signifikanzbegriff immer wieder Missverständnisse. Zum einen wird Signifikanz eines Ergebnisses oft mit Bedeutung oder Größe des Unterschieds verwechselt. Das liegt sicher daran, dass der Begriff sprachlich so verwendet wird („eine signifikante Verbesserung" wird oft im Sinne einer großen Verbesserung verwendet), d.h. der typische Sprachgebrauch und die statistische Bedeutung des Begriffs laufen hier auseinander.

Statistisch bedeutet Signifikanz eines Unterschieds zu einer vorgegebenen Fehlerrate α lediglich, dass der Unterschied nicht durch zufällig Einflüsse zustande kommt, wobei man sich eine Irrtumswahrscheinlichkeit α vorbehält. D.h. wenn ein Unterschied in den Skalenwerten für die Fehlerrate 5% signifikant ist, ist der Unterschied mit 95% Sicherheit nicht auf Zufallseffekte zurückzuführen.

Dass das nichts mit der Bedeutsamkeit eines Unterschieds zu tun hat, ist dann auch klar. Nehmen wir mal an, wir haben für eine von 1 bis 7 reichende Skala für ein Produkt A den Skalenwert 5,12 ermittelt und für ein Produkt B den Skalenwert 5,17. Kein sehr großer Unterschied. Falls unsere Stichprobe nur 30 Personen enthält vermutlich auch nicht signifikant, d.h. es lässt sich nicht mit hinreichender Sicherheit ausschließen, dass das ein reines Zufallsprodukt ist. Haben wir dagegen 10000 Daten ist auch ein solch kleiner Unterschied ziemlich sicher als nicht zufällig zu klassifizieren, d.h. signifikant. Bedeutsamer wird er dadurch aber nicht, d.h. wir werden sicher aufgrund eines solch minimalen Unterschieds im Skalenwert keine wirklich wichtigen Entscheidungen in Bezug auf die UX Qualität der beiden Produkte treffen wollen.

Noch ein kleiner Hinweis zur Auswertung. Wenn wir zwei Skalen haben und deren Konfidenzintervalle zum Konfidenzniveau α überschneiden sich nicht, dann sind die Skalenwerte auch mit einer Irrtumswahrscheinlichkeit α signifikant verschieden. Umgekehrt gilt das aber nicht! D.h. auch wenn sich die Konfidenzintervalle (leicht) überlappen, kann ein signifikanter Unterschied vorliegen. Die Begründung würde hier zu weit führen, da verweise ich wieder auf die Literatur zur Statistik. Aber es lohnt sich also auch bei leicht überlappenden Konfidenzintervallen trotzdem, einen Signifikanztest durchzuführen.

10.2 Datenqualität sicherstellen

Bevor man mit der eigentlichen Auswertung der Daten beginnt, lohnt es sich ein paar Gedanken daran zu verschwenden, wie sehr man den Daten eigentlich trauen kann.

Nicht jeder Teilnehmer wird einen UX Fragebogen mit vollster Hingabe und maximaler Genauigkeit ausfüllen. D.h. es wird im Datenbestand immer einige Antworten geben, die etwas problematisch sind.

Speziell wenn man mit einem Online-Fragebogen arbeitet, sollte man diesen Aspekt beachten. Hier hat man wenig bis keine Kontrolle über das Ausfüllen des Fragebogens. Kritisch ist das insbesondere, wenn die Teilnehmer durch eine Belohnung zur Teilnahme motiviert werden, z.B. wenn unter allen Teilnehmern ein Preis verlost wird. Hier steht manchmal ausschließlich die Teilnahme an der Verlosung im Fokus des Teilnehmers und die Beantwortung der Fragen wird einfach ohne großes Nachdenken schnell erledigt. Solche mehr oder weniger zufälligen Antworten enthalten natürlich keinen oder nur einen sehr geringen Informationsgehalt über die UX des Produkts und können die Ergebnisse verfälschen.

Der Anteil fragwürdiger Antworten variiert natürlich stark zwischen Untersuchungen, da er von einer Reihe von Faktoren abhängt. Aus eigenen Erfahrungen mit dem Online-Einsatz des UEQ sind mir aber Fälle bekannt, wo bis zu 20% der Antworten sehr verdächtig waren (wie man die verdächtigen Antworten findet, wird weiter unten beschrieben).

Solche Zufallsantworten, gerade wenn ein größerer Teil der Teilnehmer betroffen ist, verrauschen aber das Ergebnis. D.h. es wäre gut, diese vor der eigentlichen Analyse der Daten zu erkennen und zu entfernen. Hierzu gibt es im Wesentlichen drei Tricks, die wir uns im Folgenden ansehen werden.

Der erste Trick beruht darauf, nach typischen Mustern im Fragebogen Ausschau zu halten. Teilnehmer, die einen Fragebogen ohne wirklich die Items zu beantworten, nur schnell durchklicken, produzieren dabei oft Muster in den Antworten, z.B. in dem bei allen Items die gleiche Antwortkategorie angekreuzt wird. Diese kann man relativ leicht erkennen und damit die entsprechenden Antworten ausschließen.

Der zweite Trick beruht auf der Annahme, dass alle Items einer Skala in einem Fragebogen eine ähnliche Eigenschaft messen. Falls der Fragebogen kein prinzipielles Problem in der Konstruktion hatte, kann man eigentlich immer davon ausgehen, dass diese Annahme zutrifft. Wenn ein Teilnehmer also sorgfältig ausfüllt, sollten die Antworten auf die Items einer Skala einigermaßen konsistent sein. Antwortet aber ein Teilnehmer ohne groß über die Fragen nachzudenken, werden mit einer recht hohen Wahrscheinlichkeit einige Items der Skala sehr positiv bewertet, während andere sehr negativ bewertet werden. Wenn sich in den Daten einer Person sehr viele solche Inkonsistenzen finden lassen, ist das zumindest ein guter Hinweis auf schlampiges Ausfüllen.

Der dritte Trick beruht darauf, dass sorgfältiges Ausfüllen des Fragebogens seine Zeit braucht. Wer schnell durchklickt, ohne die Items richtig zu lesen und zumindest mal kurz über seine Antwort nachzudenken, wird hier deutlich schneller sein. Also lassen sich auch über ungewöhnlich kurze Antwortzeiten die Verdächtigen ermitteln.

10.2.1 Muster im Antwortbogen erkennen

Wenn sich Teilnehmer das Ausfüllen eines Fragebogens leicht machen wollen, nutzen sie oft einfache Strategien beim Ankreuzen von Antwortmöglichkeiten. Diese kann man in vielen Fällen direkt ohne tiefere Analyse erkennen.

Betrachten wir mal ein kleines Beispiel. Abbildung 15 (nächste Seite) zeigt 4 ausgefüllte UEQ Fragebögen. Welche davon sind wohl ernsthaft ausgefüllt und welche nur schnell durchgeklickt?

Die Beantwortung dieser Frage ist recht einfach. Beim Fragebogen oben links in Abbildung 15 hat der Teilnehmer einfach bei allen Items die mittlere Kategorie angeklickt. Entweder hat der Teilnehmer also absolut keine Meinung in Bezug auf das evaluierte Produkt (was auch rechtfertigt den Datensatz zu löschen) oder der Teilnehmer hat es sich leichtgemacht und einfach in der Mitte durchgeklickt (was eher wahrscheinlich ist).

Beim Fragebogen oben rechts in Abbildung 15 sehen wir ein geometrisch ansprechendes Zickzack-Muster. Wie wahrscheinlich ist es, dass so etwas bei ernsthaften Antworten entsteht? Vermutlich unwahrscheinlicher als ein Sechser im Lotto.

Beim Fragebogen unten links in Abbildung 15 sehen wir einen Teilnehmer, der ernsthaft angefangen, aber offenbar nach 8 Items die Lust verloren hat weiterzumachen (das ist ein sehr typisches Pattern). Der Fragebogen unten rechts weist auf dieser Ebene keine Merkwürdigkeiten auf, d.h. wirkt auf dieser Ebene der Analyse erst mal unverdächtig.

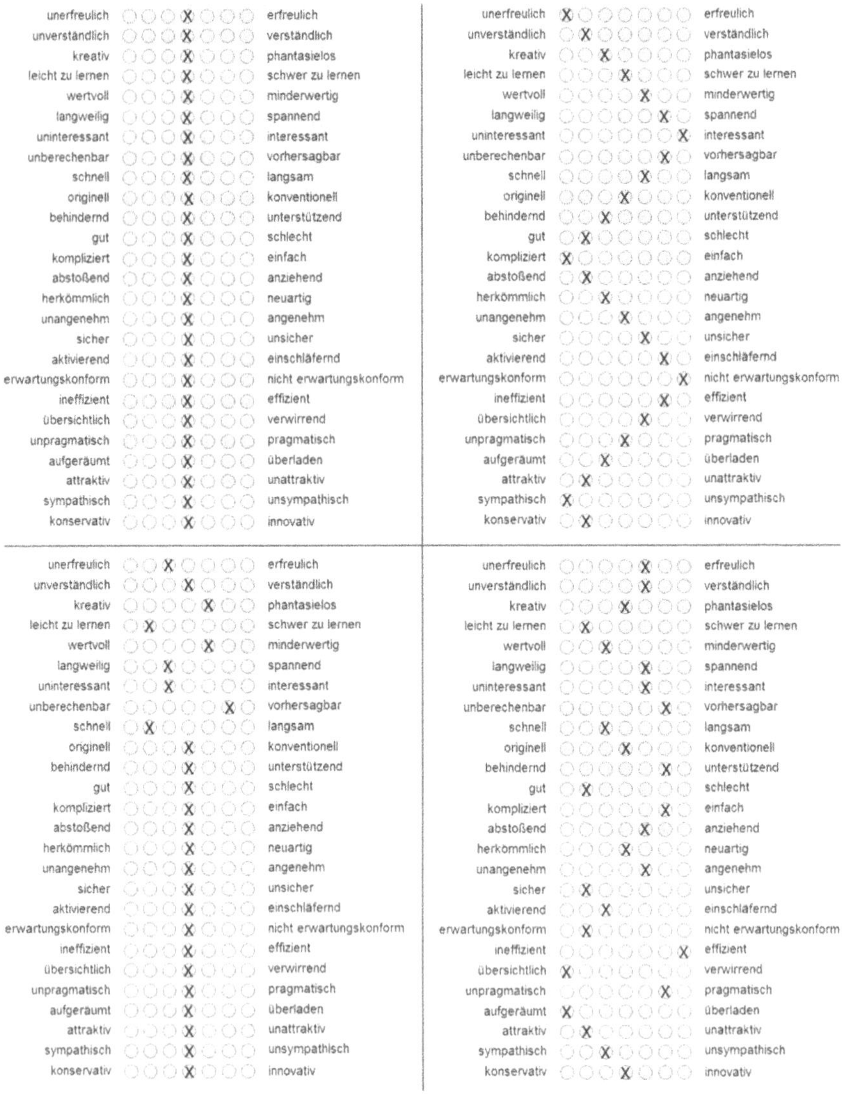

Figure with four filled-out UEQ questionnaires, each with the following word pairs (left — right):

unerfreulich — erfreulich
unverständlich — verständlich
kreativ — phantasielos
leicht zu lernen — schwer zu lernen
wertvoll — minderwertig
langweilig — spannend
uninteressant — interessant
unberechenbar — vorhersagbar
schnell — langsam
originell — konventionell
behindernd — unterstützend
gut — schlecht
kompliziert — einfach
abstoßend — anziehend
herkömmlich — neuartig
unangenehm — angenehm
sicher — unsicher
aktivierend — einschläfernd
erwartungskonform — nicht erwartungskonform
ineffizient — effizient
übersichtlich — verwirrend
unpragmatisch — pragmatisch
aufgeräumt — überladen
attraktiv — unattraktiv
sympathisch — unsympathisch
konservativ — innovativ

Abbildung 15: Einige ausgefüllte UEQ Fragebögen. Typische Antwortmuster deuten auf wenig ernsthaftes Ausfüllen hin.

104

10.2.2 Inkonsistente Antworten finden

Bei den meisten Fragebögen zur User Experience sind die Items in Skalen gruppiert. D.h. mehrere Items sind jeweils einer Skala zugeordnet, die in gewisser Weise deren Gemeinsamkeiten beschreibt. Die Items einer Skala messen damit zumindest inhaltlich ähnliche Aspekte der User Experience eines Produkts. Wenn die Items einer Skala also von einer Person sehr unterschiedlich beantwortet werden, kann dies auf eine eher zufällige Beantwortung der Items hindeuten.

Betrachten wir als Beispiel die Antworten einer Person auf die Items der UEQ-Skala *Durchschaubarkeit* (der UEQ hat eine 7-stufige Skala, das x unten repräsentiert die angekreuzte Antwort):

unverständlich	o o o o o x o	verständlich
leicht zu lernen	o o o o o o x	schwer zu lernen
kompliziert	o o o o o x o	einfach
übersichtlich	o o o o o x o	verwirrend

Ganz offensichtlich sind diese Antworten nicht besonders konsistent. Das Produkt wird als sehr verständlich, schwer zu lernen, sehr einfach und sehr verwirrend eingeschätzt.

Bringt man alle Items in der Reihenfolge negativ (1) nach positiv (7), so sieht man, dass die Bewertungen von 1 (schwer zu lernen/leicht zu lernen) bis 6 (unverständlich/verständlich) reichen, d.h. die Distanz zwischen der besten und der schlechtesten Bewertung beträgt 5. Diese Distanz zwischen der besten und der schlechtesten Bewertung eines Items innerhalb einer Skala kann man leicht als Indikator für Inkonsistenzen verwenden (Schrepp, 2016).

Wenn man davon ausgeht, dass alle Items einer Skala die gleichen Eigenschaften messen, sollte ein Teilnehmer für die Items auf einer Skala keine zu unterschiedlichen Bewertungen abgeben. D.h. die Distanz zwischen der besten und der schlechtesten Bewertung eines Items der Skala sollte nicht zu groß sein. Natürlich kann es immer vorkommen, dass ein Teilnehmer einen Begriff falsch interpretiert oder beim Ankreuzen die falsche Kategorie markiert, d.h. bei einer Abweichung dieser Art wird man nicht gleich die gesamte Antwort verwerfen wollen. Beobachtet man eine solche Abweichung aber für mehrere Skalen, ist dies ein deutlicher Hinweis darauf, dass der Teilnehmer die Items nicht sorgfältig gelesen hat.

Die Grundidee ist es, Antworten auszuschließen, die zu viele Inkonsistenzen zur angenommenen Skalenstruktur des Fragebogens aufweisen. Dabei muss man einerseits sicherstellen, dass man wirklich zufällige Antworten von Teilnehmern sicher als solche identifiziert und andererseits nicht unnötig viele Antworten verwirft.

Wie strikt man hier vorgeht ist natürlich Geschmackssache. Für den UEQ wird ein Datensatz verworfen, wenn für mindestens 3 der 6 Skalen des UEQ eine Distanz > 3 zwischen dem besten und dem schlechtesten Wert eines Items der Skala gefunden wurde. Diese Heuristik (mehr ist so was nicht) wurde für den UEQ anhand vorhandener Daten evaluiert und zeigte gute Ergebnisse (Schrepp, 2016).

Natürlich muss man diese Art der Heuristik pro Fragebogen anpassen, da die verschiedenen Fragebögen unterschiedliche Anzahlen an Skalen und unterschiedlich viele Antwortmöglichkeiten pro Item haben.

Eine gute Heuristik muss einerseits zufällig ausgefüllte Fragebögen mit hoher Sicherheit als solche erkennen und andererseits eine Antwort nicht schon bei einigen wenigen Antwortfehlern (falsche Kategorie angekreuzt, ein Item falsch interpretiert) oder Abweichungen zur angenommenen Skalenstruktur als zufällig klassifizieren.

Man wird in der Regel nicht schlecht liegen, wenn man einen Datensatz erst dann ausschließt, wenn er Inkonsistenzen für etwa die Hälfte der Skalen zeigt. Man muss immer mit gewissen Antwortfehlern einer Person rechnen und wenn man schon bei einer einzigen Skala mit inkonsistenten Antworten den Datensatz ausschließt, schießt man sicher über das Ziel hinaus, d.h. verwirft jede Menge an sich informativer Datensätze.

Als Grenze für inkonsistente Antworten bietet es sich an, die Hälfte der Antwortskala zu nehmen. D.h. bei gerader Anzahl exakt die Hälfte (d.h. bei einer 8-stufigen Antwortskala 4) und bei einer ungeraden Anzahl die Hälfte minus 1 (d.h. bei einer 7-stufigen Antwortskala 3).

Das sind natürlich nur grobe Heuristiken, die helfen eine Vorgehensweise zum Bereinigen der Daten zu etablieren. Hat man schon einige Datensätze mit einem Fragebogen erhoben, kann man das natürlich anhand dieser Datensätze noch weiter an den Fragebogen anpassen und die Heuristik verbessern (siehe z.B. Schrepp, 2016).

10.2.3 Antwortzeiten erfassen und auswerten

Wenn ein Teilnehmer einen Fragebogen mit minimalem Aufwand ausfüllt (z.B. um an der versprochenen Verlosung teilzunehmen), ohne über die Items wirklich nachzudenken, wird seine Antwortzeit deutlich geringer sein, als die Antwortzeit eines Teilnehmers, der den Fragebogen sorgfältig ausfüllt. Daher bietet bei Online-Fragebögen die Messung der Antwortzeit eine einfache Möglichkeit Schummler zu identifizieren.

Um diese Methode anzuwenden braucht man also eine Musterzeit *Min_Zeit*, von der man annimmt, dass ein sorgfältig antwortender Teilnehmer nicht weniger als *Min_Zeit* Sekunden für die Bearbeitung des gesamten Fragebogens brauchen kann. Hat man diese Zeit, ist der Rest einfach. Man verwirft einfach alle Daten von Teilnehmern, die den Fragebogen in weniger als *Min_Zeit* Sekunden ausgefüllt haben.

Wie kommt man nun aber zu *Min_Zeit*? Dafür gibt es eine genaue theoretische und eine sehr einfache, aber etwas ungenauere praktische Herangehensweise. Fangen wir mal mit der komplexen Methode an.

Wie lange ein Teilnehmer mindestens brauchen sollte, um ein Item eines Fragebogens zu beantworten, kann man über eine kognitive Modellierung schätzen. Methoden der kognitiven Modellierung, z.B. GOMS (Card, Moran & Newell, 1983) oder CogTool (John, Prevas, Salvucci & Koedinger, 2004), nutzen Modelle der menschlichen Informationsverarbeitung, um aus den für die Abarbeitung einer Aufgabe erforderlichen kognitiven und motorischen Schritten eine Zeitdauer für die Bearbeitung einer Aufgabe (in unserem Fall die Beantwortung eines Fragebogen-Items) zu schätzen.

Bei der GOMS-Analyse (Card, Moran & Newell, 1983) wird die Benutzerinteraktion bei der Bearbeitung einer Aufgabe in elementare Operatoren zerlegt. Die Bearbeitungszeit der Aufgabe wird dann aus den bekannten Zeiten (solche Durchschnittszeiten werden in Experimenten bestimmt, z.B. John & Kieras 1996; Olson & Olson 1990; Schrepp & Fischer 2007) dieser elementaren Operatoren geschätzt. Operatoren sind dabei grundlegende physische (z.B. Drücken einer Taste oder ein Mausklick) oder kognitive Prozesse (z.B. Abruf einer Information aus dem Gedächtnis oder mentale Vorbereitung für den nächsten Schritt in einer Handlungssequenz), die der Benutzer bei der Bearbeitung einer Aufgabe mit dem Produkt durchführen muss. Eine elementare Einführung in die kognitive Modellierung in Bezug auf UX Fragen findet man zum Beispiel auch in Schrepp & Held (2015).

Unterschiedliche Personen benötigen unterschiedliche Zeiten für die physischen oder kognitiven Operationen. Die GOMS Analyse abstrahiert von den Zeiten konkreter Personen durch die Verwendung typischer Durchschnittswerte (z.B. Tastendruck beim Tippen einer Zeichenkette 0,23 Sekunden, Positionieren des Mauszeigers 0,44 Sekunden, Mentale Vorbereitung 1,2 Sekunden, etc.). Man kann mit Hilfe dieser Zeiten für die elementaren Operationen für eine vorgegebene Aufgabe eine durchschnittliche Bearbeitungszeit schätzen. Der Trick besteht einfach darin, die Aufgabe in eine Sequenz von solchen elementaren Operationen zu zerlegen und dann die Werte der für diese bekannten Zeiten aufzusummieren.

CogTool ist eine frei verfügbare Software (cogtool.com), die die kognitive Modellierung von computerbasierten Aufgaben ermöglicht (siehe z.B. John,

Prevas, Salvucci & Koedinger, 2004 oder John & Salvucci, 2005). Letztlich realisiert CogTool die GOMS Methode, wobei einige zusätzliche Operatoren und eine eingeschränkte Berücksichtigung paralleler Informationsverarbeitung zur Verfügung stehen.

Man kann CogTool also zur Schätzung der zu erwartenden Antwortzeit für ein Fragebogen-Item nutzen. Schauen wir uns das mal am Beispiel der UEQ Items an. Die Items des UEQ sind Gegensatzpaare, mit einer 7-stufigen Antwortskala, z.B.:

Gut   o o o o o o o   Schlecht

Für die Beantwortung dieses Items muss der Nutzer (siehe Schrepp, 2016):

- seine visuelle Aufmerksamkeit auf den linken Begriff fokussieren (Look at),
- die Bedeutung des Begriffs erfassen (Think),
- seine visuelle Aufmerksamkeit auf den rechten Begriff fokussieren (Look at),
- die Bedeutung dieses Begriffs erfassen (Think),
- eine Entscheidung treffen, welcher Begriff besser passt (Think),
- die Maus zum entsprechenden Radio-Button bewegen, wobei man annehmen kann, dass die Hand bereits auf der Maus ist (Position Mouse Pointer)
- und einen Mausklick durchführen (Mouse click).

Die Begriffe in Klammern bezeichnen dabei die entsprechenden Operatoren in Cogtool (John, Prevas, Salvucci & Koedinger, 2004). Eine Schätzung der notwendigen Bearbeitungszeit mit CogTool ergibt eine Gesamtzeit von 5,6 Sekunden pro Item (unter der Annahme, dass zumindest die beiden Begriffe gelesen und eine Entscheidung getroffen wird).

Legt man das für den gesamten Fragebogen zugrunde, ergibt sich eine Gesamtbearbeitungszeit von 145,6 Sekunden für die 26 Items. In gewisser Weise ist dies die mindestens zu erwartende Zeit. In der Realität wird die Zeit höher liegen, da Teilnehmer bei einigen der Begriffe noch über deren genaue Interpretation im Kontext der Untersuchung nachdenken und daher in diesen Fällen noch zusätzliche Zeit verbrauchen. Im praktischen Einsatz beobachtet man Zeiten im Bereich von 3 Minuten.

Klickt der Teilnehmer dagegen nur schnell durch den Fragebogen, so entfallen zumindest die 3 oben erwähnten Think-Operatoren und die Zeit pro Item sollte eher 2 Sekunden pro Item liegen (d.h. hier wird im Prinzip nur pro Item eine Antwortkategorie willkürlich gewählt (Think) und geklickt (Mouse Move und Click). D.h. bei einem rein zufälligen Durchklicken ist eher mit einer Gesamtzeit von 52 Sekunden zu rechnen.

Die Methode lässt sich natürlich auf alle Fragenformate anwenden. Bei Fragen, die aus längeren Statements bestehen, muss man hier aber z.B. noch eine Zeit zum Lesen des Statements einplanen, d.h. wie genau die kognitive Modellierung durchzuführen ist, hängt stark vom Fragebogen ab. Die generelle Idee ist aber immer im Online-Fragebogen zu messen, wie lange der Teilnehmer für die Bearbeitung der Fragen brauchen und daraus die Gesamtbearbeitungszeit zu ermitteln. Sind diese für mehrere Fragen deutlich kürzer, als der durch die kognitive Modellierung ermittelte Wert, ist dies ein klarer Hinweis darauf, dass Items nicht sorgfältig bearbeitet wurden.

Arbeitet man mit einer kognitiven Modellierung, so kann man *Min_Zeit* recht einfach festlegen. Man hat ja eine geschätzte Zeit für ernsthaftes Ausfüllen des Fragebogens, die wir mal als *Opt_Zeit* bezeichnen. Zusätzlich hat man eine geschätzte Zeit für die rein physischen Operatoren, d.h. man läßt einfach alle kognitiven Operatoren weg (Annahme ist ja, dass der Teilnehmer nicht wirklich nachdenkt, sondern nur blind durchklickt). Nennen wir diese Zeit mal *Klick_Zeit*. Wir schließen dann einen Datensatz aus, wenn die benötigte Zeit näher an *Klick-Zeit* als an *Opt_Zeit* liegt, d.h. *Min_Zeit* ist in dem Fall (*Opt_Zeit* + *Klick_Zeit*) / 2. Für das Beispiel des UEQ käme man also auf eine Zeit von (146,6 + 52)/2 = 99,3 Sekunden. Personen, die schneller antworten, würde man also aus den Daten ausschließen.

Nun ist es nicht jedermanns Sache mal kurz eine kognitive Modellierung für einen Fragebogen, den man nur einmal anwenden will, zu machen. Die gute Nachricht ist, dass es für die praktische Anwendung eine deutlich einfachere Alternative gibt.

Hierzu setzt man sich selbst oder einen Bekannten vor den Online-Fragebogen und führt eine Bewertung des entsprechenden Produkts durch. Das ganze wiederholt man nun mehrfach (wobei man immer die gleiche Bewertung durchführt, d.h. nicht jedes Mal neu nachdenkt oder alternative Antworten simuliert, sondern stur den Fragebogen so schnell wie möglich durchklickt). Man wird beobachten, dass die Zeiten für das Ausfüllen des Fragebogens zwischen den Durchgängen erst schnell kürzer werden und sich dann ab einer gewissen Stelle (meist nach 3-5 Durchgängen) um eine Konstante einpendeln. D.h. die Zeiten konvergieren gegen eine Zeit, die letztlich recht nahe an der Zeit liegen wird, die man auch aus der kognitiven Modellierung für das reine Durchklicken ermitteln kann. Diese Zeit entspricht also der Zeit, die man, ohne noch groß über die Items nachzudenken, für das rein physische Ausfüllen benötigt.

In Abbildung 16 habe ich das selbst für die 26 Items des UEQ und ein Produkt 9 mal durchgeführt. Gezeigt werden die Zeiten zwischen dem ersten Klick auf ein UEQ Item und dem finalen Klick auf den Absende-Knopf in einem Online-UEQ.

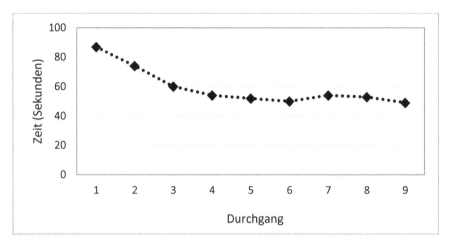

Abbildung 16: 9 Durchgänge mit dem UEQ. Hierbei wurde stets das gleiche Produkt bewertet. Man sieht, wie sich die Ergebnisse bei der reinen Durchklickzeit von knapp über 50 Sekunden einpendeln.

D.h. ein Teilnehmer, der den Fragebogen für dieses Produkt erstmals ernsthaft ausfüllt, kann eigentlich nach menschlichem Ermessen nicht schneller antworten (es sei denn es handelt sich um einen Außerirdischen oder Superman, die sind aber in Online-Befragungen eher selten als Teilnehmer anzutreffen). Wer nur zufällig durchklickt, wird in etwa in diesem Bereich landen. Die *Min_Zeit* kann man jetzt als Mittel der ersten beiden Bearbeitungszeiten und der Konstante, gegen die die Bearbeitungszeiten konvergieren, berechnen. D.h. man wendet die bei der kognitiven Modellierung verwendete Idee an, wobei *Klick_Zeit* durch die Konstante geschätzt wird und *Opt_Zeit* durch die ersten beiden Bearbeitungen. Das ist natürlich nur eine grobe Herangehensweise, aber mit dieser simplen Methode kommt man auch schon zu einer brauchbaren Untergrenze für die akzeptable Bearbeitungszeit.

10.3 Wurden die Items richtig interpretiert?

Neben zufälligen Antwortfehlern und Teilnehmern, die einfach mal schnell ohne groß zu überlegen durchklicken, gibt es auch systematische Fehler beim Ausfüllen eines Fragebogens. Diese können auftreten, wenn eine größere Zahl von Teilnehmern eines oder mehrere Items des Fragebogens anders verstehen, als diese eigentlich von den Konstrukteuren des Fragebogens gemeint waren. Hier handelt es sich also nicht um Fehler aufgrund von schlampigem Ausfüllen oder mangelnder Motivation der Teilnehmer, sondern um Fehler bei der Interpretation der Items. Problematisch an dieser Art von Fehler ist, dass man sie in der Regel erst während der Datenanalyse erkennt.

Wie kommt es zu solchen Fehlinterpretationen. Items eines Fragebogens werden von den Teilnehmern immer im Kontext der Befragung interpretiert. Dieser Kontext ist bei einem UX Fragebogen natürlich durch das zu bewertende Produkt definiert. Auch das Umfeld, in dem die Evaluation stattfindet, kann hier eine Rolle spielen. Bei einer Befragung nach einem Usability Test spielen auch die von den Teilnehmern im Zuge des Tests bearbeiteten Aufgaben eine Rolle. Bei einer Befragung nach der Nutzung des Produkts (z.B. wenn sich ein Käufer aus einem Web-Shop abmeldet) die vorhergehenden Aktionen des Nutzers im Produkt.

Schauen wir uns mal einige Beispiele an, die ich in meiner bisherigen Praxis gesehen habe. Der UEQ für Jugendliche enthält z.B. ein Item *zeitsparend – zeitraubend*. Dieses soll die Effizienz der Nutzerinteraktion messen. In einer Untersuchung eines sozialen Netzwerks wurde dieses Item aber offenbar von vielen Nutzern als „das soziale Netzwerk raubt mir meine Zeit" interpretiert. Nun ist aber klar, dass in dem Fall „zeitraubend" eigentlich im Sinne der Produktqualität nicht negativ ist (ganz im Gegenteil ist das Soziale Netzwerk offenbar so attraktiv, dass es den Nutzer verleitet zu lange darin rumzuhängen) und hier auch nicht die Effizienz gemeint ist, sondern eigentlich *Stimulation* oder *Fun of Use*.

Ein weiteres Beispiel ist das Item *sicher – unsicher*. Gedacht ist es als Indikator für *Steuerbarkeit*, d.h. hat der Nutzer das Gefühl seine Interaktionen mit dem System sicher beherrschen zu können. Für betriebswirtschaftliche Anwendungen oder andere Produkte, bei denen das Konzept der Datensicherheit für den Nutzer keine große Rolle spielt (weil der Nutzer davon ausgeht, dass dies einfach gegeben ist bzw. er sich persönlich nicht darum kümmern muss), zeigt das Item auch immer sehr hohe Korrelationen mit den anderen Items der UEQ Skala *Steuerbarkeit*. Bei Anwendungen, z.B. sozialen Netzwerken oder Online-Banking (wo man sich persönlich um die eigenen Daten Sorgen macht), wird das Item aber gerne als „meine Daten sind sicher" interpretiert.

Nachher ist man natürlich immer schlauer. Solche möglichen Fehlinterpretationen vor der Untersuchung zu erkennen, ist allerdings meist schwierig bis unmöglich. Die einzige Chance ist es den Fragebogen in einem größeren Vortest (hier braucht man immer relativ viele Daten, da ja meist nur ein Teil der Teilnehmer die alternative Interpretation wählt, d.h. mit ein paar wenigen Datensätzen fällt es schwer hier einen solchen Effekt zu erkennen) für die entsprechende Situation zu validieren. Dafür hat man aber in der Regel keine Zeit oder kein Budget. Es ist auch fraglich, was einem eine solche Voruntersuchung hilft. Weicht man auf einen anderen Fragebogen aus? Lässt man die Befragung in einem solchen Fall sein? Das sind meist keine realistischen Alternativen.

Eine solche Fehlinterpretation hat ja auch auf das Gesamtergebnis nur einen begrenzten Einfluss (im obigen Beispiel ist eines von 26 UEQ Items betroffen). D.h.

praktisch kann man einfach mal loslegen, Daten einsammeln und bei der Auswertung des Fragebogens dann prüfen, ob es einen entsprechenden Effekt gibt. Man kann in einem solchen Fall dann das betreffende Item aus der Auswertung rausnehmen oder zumindest bei der Interpretation der Daten auf diese Störvariable hinweisen.

Wie findet man solche eventuell problematischen Items. Das ist glücklicherweise ganz einfach. Die Items eines Fragebogens sind ja in mehrere Skalen gruppiert (falls der Fragebogen keine Skalen hat, d.h. nur einen Gesamtwert liefert, hat man hier aber ein Problem). Items einer Skala messen dabei einen UX Aspekt, d.h. alle Items einer Skala messen etwas Ähnliches. Damit sollten aber alle Items einer Skala ähnliche Mittelwerte haben und zusätzlich einigermaßen hoch miteinander korrelieren.

D.h. um potentiell fehlinterpretierte Items zu finden, sollte man pro Skala die Item-Mittelwerte ansehen. Gibt es hier ein Item, dass von den anderen Items massiv abweicht, könnte das ein Hinweis auf eine Fehlinterpretation sein. Danach betrachtet man pro Skala die Korrelationen der Items. Korrelieren alle Items bis auf eines hoch, könnte auch hier eine Fehlinterpretation vorliegen.

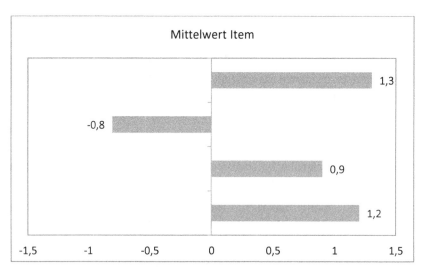

Abbildung 17: Mittelwerte der 4 Items einer Skala. Wurde hier ein Item fehlinterpretiert?

Hat man nur wenige Daten erhoben, sollte man hier allerdings sehr vorsichtig sein. Solche Abweichungen können in diesem Fall auch leicht durch Zufallseffekte zustande kommen. D.h. wenn man z.B. nur 15 Datensätze erhoben hat, ist die Wahrscheinlichkeit einer rein zufälligen Abweichung recht hoch und man kann sich die Suche nach solchen fehlinterpretierten Items einfach sparen.

Als zusammenfassendes Maß für die Konsistenz einer Skala in einer Untersuchung wird oft der Alpha-Coeffizient von Cronbach (1951) verwendet. Dieser ist definiert durch:

$$\alpha = \frac{n * \bar{r}}{1 + (n - 1) * \bar{r}}$$

wobei $\bar{r}$ die mittlere Korrelation aller n Items einer Skala ist.

Es gibt eine Reihe von kochbuchartigen Empfehlungen, wie groß α sein sollte, damit eine Skala hinreichend konsistent ist und interpretiert werden kann. Typische Werte die in der Literatur genannt werden sind 0,6 oder 0,7. Allerdings sollte man hier bedenken, dass diese Empfehlungen (obwohl sie mehr oder weniger unkritisch in beliebig vielen Publikationen zitiert werden) nicht wirklich auf soliden statistischen Überlegungen beruhen, siehe z.B. Sijtsma (2009) oder Cortina (1993). Man sollte auch bei einem etwas kleineren Wert für α nicht gleich in Panik verfallen und die Skala aus der Interpretation herausnehmen.

Speziell wenn man nur einen kleineren Datensatz erhoben hat, sollte man mit der Interpretation von α vorsichtig sein, da der Koeffizient selbst sehr anfällig für Sampling Effekte ist. In solchen Fällen prüft man besser die einzelnen Korrelationen der Items innerhalb einer Skala.

10.4 Verteilung der Antworten pro Item analysieren

Manche Produkte polarisieren stark. Es gibt in diesen Fällen Nutzer, die das Produkt lieben, aber auch solche, die eine starke Abneigung gegen das Produkt haben. Das kann sich auf das gesamte Produkt beziehen, oder nur auf bestimmte UX Aspekte. Gerade UX Aspekte, die sehr subjektiv sind und wo man starke persönliche Präferenzen zwischen Personen findet, können hier sehr unterschiedliche Wahrnehmungen beim Nutzer auslösen.

Das Paradebeispiel ist das visuelle Design einer Anwendung. Fragt man nach der *Ästhetik* der Gestaltung findet man oft starke Ablehnung in bei einer größeren Gruppe von Nutzern und starke Zustimmung bei einer anderen ebenso großen Gruppe. Ähnliches gilt für *Originalität* oder *Stimulation*.

Das ein Produkt bzgl. eines UX Aspekts polarisiert, ist natürlich eine sehr wichtige Information, die man auf jeden Fall auch als Resultat einer Nutzerbefragung finden möchte. Solche Effekte sind auch in den Daten klar sichtbar, aber nicht im Mittelwert. D.h. hier haben wir es mit einem Effekt zu tun, den man durch eine reine Analyse der Mittelwerte nicht sehen kann.

Schauen wir uns mal ein Beispiel an, dass das Phänomen schön erklärt.

Nehmen wir mal an, wir haben einen Fragebogen mit einer 7-stufigen Antwortskala. Für ein Item A beobachten wir folgende Verteilung der Werte.

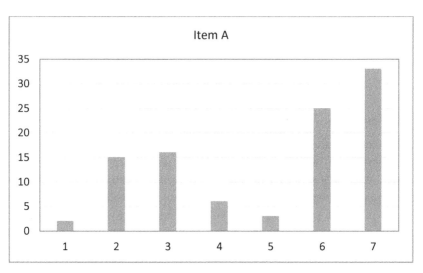

Abbildung 18: Zweigipflige Verteilung der Antworten auf ein hypothetisches Item mit 7 Antwortkategorien.

Für ein anderes Item B wurde hingegen folgende Verteilung beobachtet.

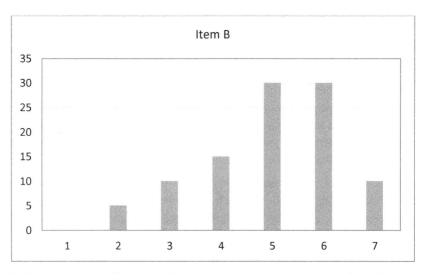

Abbildung 19: Eingipflige Verteilung der Antworten auf ein hypothetisches Item mit 7 Antwortkategorien.

Die Skalenmittelwerte sind in beiden Fällen mit 5,0 völlig identisch, nur die Standardabweichung ist für Item B natürlich höher. Für die Interpretation der Ergebnisse ist die Verteilung der Antworten aber sehr interessant.

Für Item A gibt es offenbar zwei Gruppen mit sehr unterschiedlichen Ansichten bzgl. der mit diesem Item gemessenen Eigenschaft. Eine größere Gruppe von

Teilnehmern reagiert hier offenbar eher enthusiastisch, eine andere Gruppe von etwa 30% der Teilnehmer reagiert eher reserviert bzw. ablehnend. Nehmen wir mal an, Item A wäre die Frage nach der Schönheit des User Interfaces. Der Mittelwert ist zwar verhalten positiv. Dies resultiert aber aus der Tatsache, dass eine Hälfte der Nutzer begeistert ist, während eine große Gruppe die Gestaltung nicht wirklich schön findet. Handelt es sich zum Beispiel um einen Web-Shop, wird man hier eher nicht besonders zufrieden sein, da man mit dem Design ein Drittel der potentiellen Kunden nicht wirklich anspricht. Hier wird man vermutlich Handlungsbedarf sehen, um zu einem eher allgemein akzeptierten Design zu kommen.

Für Item B gibt es dagegen keinen Hinweis darauf, dass die gemessene Eigenschaft polarisiert. Es gibt eine größere Anzahl von Personen, die das Item mit 5 oder 6 recht positiv beurteilt haben und eine kleinere Anzahl von Personen mit neutralen bis zurückhaltenden Bewertungen (die hat man aber immer). Wäre dieses Item die Frage nach der Schönheit der Gestaltung eines Web-Shops, würde man sicher keine Angst haben, dass das Design irgendwie polarisiert.

Wie das Beispiel zeigt, kann sich der Blick auf die Verteilung der Antworten der einzelnen Items also durchaus lohnen, um über den Skalenmittelwert hinausgehende Informationen zu erhalten. Diese können unter Umständen für die Schlussfolgerungen, die man aus den Daten zieht, wertvoller sein, als die Mittelwerte selbst!

10.5 Benchmarks

Hat man ein Produkt erstmals mit einem Fragebogen evaluiert, ist es meist schwierig die Skalenmittelwerte zu interpretieren. Ist ein Wert von 1,5 auf der Skala *Durchschaubarkeit* des UEQ ein gutes oder schlechtes Ergebnis? Diese Frage kann man nur dann wirklich sinnvoll beantworten, wenn man das Ergebnis mit den Ergebnissen anderer Produkte vergleicht.

Das ist das Ziel eines Benchmarks. Die meisten standardisierten Fragebögen, z.B. UEQ, SUS, SUMI oder VISAWI, stellen einen solchen Benchmark zur Verfügung. Mit einem Benchmark kann man feststellen, wie gut das evaluierte Produkt im Vergleich mit anderen Produkten abgeschnitten hat.

Ein Benchmark ist also letztlich immer ein Vergleich eines Ergebnisses mit einer vorhandenen Menge bekannter Ergebnisse. Wie genau der Benchmark aussieht, hängt vom Fragebogen ab. Schauen wir uns auch hier mal einige Beispiele an.

Der SUS enthält 10 Items, die auf einer 5-stufigen Likert-Skala beantwortet werden können (Skalenwerte von 0 bis 4). Der Fragebogen hat keine Skalen, sondern liefert nur einen Gesamtwert. Für die Berechnung des Gesamtwertes werden alle 10 gemessenen Antworten pro Person addiert, was einen Wert zwischen 0 und 40 ergibt. Dieser wird dann mit 2,5 multipliziert, so dass der SUS Score damit auf einen Wertebereich von 0 bis 100 gestreckt wurde. Letztlich bleibt etwas im Dunkeln, warum diese Skalierung auf den Bereich von 0 bis 100 notwendig ist. Nach Brooke (2013) wurde dies vor allem vorgenommen, weil eine Skala von 0 bis 100 für Produktverantwortliche leichter zu verstehen ist, als eine Skala von 0 bis 40 (na ja?), d.h. ist eine reine Marketingmaßnahme.

Bangor, Kortum und Miller (2008, 2009) haben aus einer sehr großen Sammlung von SUS Daten ein 7-stufiges Rating abgeleitet. Hierbei wurden die SUS Werte pro Person mit einer Gesamteinschätzung des Produkts verglichen. Diese Gesamteinschätzung war durch 7 Begriffe möglich (von denen man einen wählen musste). Hierdurch ist eine Beziehung zwischen Gesamteinschätzung einer Person und SUS Score der Person für das evaluierte Produkt möglich (in Klammer steht jeweils der verwendete Begriff in Englisch). Der numerische Wert in Klammern ist die Standardabweichung:

- Optimal (Best imaginable): 90,9 (13,4)
- Ausgezeichnet (Excellent): 85,5 (10,4)
- Gut (Good): 71,4 (11,6)
- OK (OK): 50,9 (13.8)
- Schwach (Poor): 35,7 (12,6)
- Schrecklich (Awfull) 20,3 (11,3)
- Gruselig (Worst Imaginable): 12,5 (13,1)

Wozu ist das gut? Nehmen wir mal an, wir messen ein Produkt mit dem SUS und kommen auf einen Score von 25. Das entspricht also einer Gesamtbeurteilung zwischen *Schrecklich* und *Schwach* (eher Richtung *Schrecklich*). Haben wir einen Gesamt-Score von 87, entspricht das einer Gesamtbeurteilung von *Ausgezeichnet*. D.h. dieser Benchmark hilft massiv bei der Interpretation eines einzelnen SUS Ergebnisses, indem er den gemessenen Wert mit anderen Werten vergleichbar macht.

Es gibt für den SUS auch eine andere Einteilung der SUS Werte in 4 Quartile, mit einer ähnlichen Funktion:

- Top Quartil: Sus-Score > 77,8
- Zweites Quartil SUS-Score <= 77,9 und > 70,5
- Drittes Quartil: SUS-Score <= 70,5 und > 62,6
- Schlechtestes Quartil: SUS-Score <= 62,6

Auch diese Vorgehensweise (wenn auch etwas weniger plakativ als die oben geschilderte) hilft einen Wert einzuordnen. D.h. misst man z.B. einen Wert von 79, so gehört man zu den 25% besten Ergebnissen aus dem Benchmark.

Recht ähnlich funktioniert der Benchmark des UEQ (Schrepp, Olschner & Schubert, 2013 oder Schrepp, Hinderks & Thomaschewski, 2017). Der Benchmark basiert auf den Daten von 9905 Datensätzen aus 246 verschiedenen Studien (eine Studie entspricht einer Messung eines Produkts). Pro Skala wird der gemessene Wert in 5 Kategorien eingeteilt:

- **Exzellent:** Der gemessene Skalenmittelwert ist unter den 10% besten Ergebnissen.

- **Gut:** Der gemessene Skalenwert ist besser als 75% der gemessenen Ergebnisse und schlechter als die 10% besten Ergebnisse.

- **Überdurchschnittlich:** Der gemessene Skalenwert ist besser als 50% der gemessenen Ergebnisse und schlechter als die 25% besten Ergebnisse.

- **Unterdurchschnittlich:** Der gemessene Skalenwert ist besser als 25% der gemessenen Ergebnisse und schlechter als die 50% besten Ergebnisse.

- **Schlecht:** Der gemessene Skalenwert ist unter den 25% schlechtesten Ergebnissen.

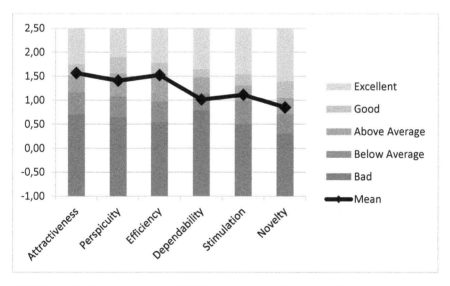

Abbildung 20: Benchmark des UEQ für ein hypothetisches Produkt.

Eine separate Aufteilung in bestimmte Produktkategorien ist beim UEQ Benchmark im Moment nicht vorhanden.

Der VISAWI (Moshagen & Thielsch, 2013) verfolgt eine etwas andere Art des Benchmarkings. Auch hier wurde eine große Menge an vorhandenen Daten zu mehr als 160 verschiedenen Web-Seiten ausgewertet. Diese wurden zusätzlich in Kategorien eingeteilt, z.B. *Weblogs* und *Social Sharing*, *E-Commerce* oder *Information*. Pro Gruppe wird im Benchmark Mittelwert und Standardabweichung für die 4 Skalen des VISAWI angegeben. Sehr praktisch ist hier, dass man ein Ergebnis immer mit einer Gruppe sehr ähnlicher Web-Seiten vergleichen kann. Etwas eingeschränkt ist aber die Bewertung, da man eigentlich nur sagen kann, ob das Ergebnis über- oder unterdurchschnittlich ausgefallen ist.

Zusammenfassend lässt sich festhalten, dass es verschiedene Arten gibt, einen Benchmark zu erstellen und die vorhandenen Fragebögen hier auch zum Teil leicht unterschiedliche Wege gegangen sind. Ziel eines Benchmarks ist es aber immer, die Ergebnisse einer einzelnen Befragung besser interpretierbar zu machen, in dem ein Vergleich mit einer großen Menge vorhandener Daten aus anderen Evaluationen verfügbar gemacht wird.

11 Ergebnispräsentation

Hat man die beschwerlichen Schritte der Datenerhebung und Auswertung hinter sich gebracht, so steht als Belohnung die Präsentation der Ergebnisse an. Allerdings ist das auch nicht immer die reine Freude. Je nach Ergebnis der Evaluation kann man sich hier sehr leicht in der Rolle des Überbringers schlechter Nachrichten wiederfinden und das kann je nach Charakter der beteiligten Personen leicht ungemütlich werden.

Natürlich ist die Art, wie man Ergebnisse aufbereitet und präsentiert, immer eine sehr persönliche Angelegenheit. Ich selbst tue mich z.B. immer sehr schwer, Ergebnisfolien zu präsentieren, die ich nicht selbst erstellt habe. Es hat eben jeder seine eigene Art, Dinge zu formulieren und zu präsentieren.

Deshalb enthält dieser Abschnitt nur einige grobe Empfehlungen, was man bei der Präsentation von Fragebogen-Ergebnissen beachten sollte. Die vorgestellten Empfehlungen habe ich im Laufe der letzten Jahre durch eigene Präsentationen bzw. durch Gespräche mit Kollegen entwickelt.

Typische Teilnehmer einer Ergebnis-Präsentation sind Produktverantwortliche, Manager oder Mitglieder des Entwicklungsteams. Diese Personen haben in der Regel wenig oder keine Erfahrung mit dem Einsatz und der Interpretation von UX Fragebögen.

Man muss auch damit rechnen, dass die beteiligten Personen eine gewisse Vorstellung von der UX Qualität des eigenen Produkts haben und den Wert ihrer Arbeit auch darüber definieren. D.h. negative Ergebnisse einer Evaluation mit einem Fragebogen können leicht als Kritik an der Arbeit dieser Personen interpretiert werden.

Gerade bei schlechten Ergebnissen tendieren Produktverantwortliche oder Entwickler daher gerne dazu, sich in ihrem Selbstbild angegriffen zu fühlen. Eine typische Abwehrreaktion ist in solchen Fällen, die Ergebnisse des Fragebogens generell in Zweifel zu ziehen.

Es ist daher sehr wichtig erst einmal Vertrauen in die Methode zu schaffen. Man kann z.B. zu Beginn der Präsentation erwähnen, dass es sich um einen etablierten wissenschaftlich fundierten Fragebogen handelt und evtl. die entsprechenden Publikationen zitieren. Das macht immer einen gewissen Eindruck, vor allem bei Personen, die vom Thema schlicht gar keine Ahnung haben. Auf jeden Fall hemmt es erst mal die einfachste Abwehrreaktion, die darin besteht zu bezweifeln, dass der Fragebogen überhaupt etwas Vernünftiges misst.

Falls dies zutrifft, kann man auch erwähnen, dass man selbst oder andere Personen im eigenen Unternehmen diesen Fragebogen schon öfter eingesetzt haben und damit in der Regel verlässliche Messergebnisse erzielt werden.

Ein zentraler Teil der Ergebnispräsentation sind im allgemeinen die gemessenen Mittelwerte der Skalen des Fragebogens. Hier ist es wichtig, dass die Teilnehmer die Bedeutung der Skalen verstehen. Die reinen Skalennamen können von Personen ohne entsprechenden Hintergrund leicht missverstanden werden (und diese sind ja auch ohne konkreten Blick auf die Items der Skala auch von Experten nicht immer leicht zu interpretieren).

Was bedeutet z.B. *Originalität* im UEQ? Wieso soll eine Buchhaltungs-Software eigentlich originell sein? Ist das wieder so eine schräge Idee der UX Kollegen? Hier kann man z.B. erklären, dass es natürlich für die Positionierung des Produkts, z.B. auf Messen oder auf Marketing-Seiten im Internet, wichtig ist, die Aufmerksamkeit potentieller Kunden auf sich zu ziehen. Und originelle Gestaltung, d.h. eine Gestaltung die sich auch von den Konkurrenzprodukten abhebt, ist nun mal ein gutes Mittel Aufmerksamkeit zu lenken.

D.h. für jede Skala sollte kurz erklärt werden, was damit inhaltlich gemeint ist und warum es Sinn macht, diesen UX Aspekt zu messen. Hier sollte man auch die Skalennamen an die im Unternehmen übliche Terminologie anpassen. Der Skalenname selbst ist ja nur eine inhaltliche Zusammenfassung der Bedeutung aller Items einer Skala, d.h. in gewissen Grenzen beliebig. Solange man die Daten nur im eigenen Unternehmen präsentiert, kann man den also problemlos im Sinne einer leichteren Verständlichkeit verändern. Zum Beispiel kann man statt von *Originalität* von *Interesse* sprechen.

Ein Verständnis für die inhaltliche Bedeutung der Skalen ist auch sehr wichtig, wenn es nach der Präsentation der Ergebnisse darum geht, notwendige Konsequenzen zu besprechen. Vernünftige Empfehlungen für Verbesserungen basierend auf den Ergebnissen, kann man nur ableiten, wenn man die Skalen mit Produkteigenschaften und Designelementen in Verbindung bringen kann.

Falls man den Fragebogen nach einem Usability Test verwendet, bietet es sich an gefundene Probleme im Usability Test mit den Werten der Skalen in Beziehung zu setzen (z.B. viele Probleme mit der Terminologie und ein geringer Wert einer Dimension *Durchschaubarkeit*).

Wichtig ist auch, die Werte der Skalen nicht alleine stehen zu lassen. Hat man keinen Vergleichswert (z.B. das Ergebnis aus dem Test der Vorversion), so sollte man immer einen Vergleich mit dem Benchmark heranziehen. Skalenwerte alleine sind in der Regel nicht gut zu interpretieren.

Bei guten Evaluationsergebnissen wird man nach der Ergebnisinterpretation in der Regel in eine Menge zufriedener und glücklicher Gesichter blicken. Hier wird man auch kleinere Vorschläge, um noch besser zu werden, im allgemeinen Glückstaumel leicht anbringen können. Aber auch hier sollte man versuchen, die Ergebnisse mit den Produkteigenschaften in Verbindung zu setzen. Wenn man hier einfach nach dem Motto „Wir sind echt gut, weiter so!" verfährt, riskiert man, dass in Unkenntnis der Stärken des Produkts in einer neueren Version (die meisten komplexen Produkte sind ja eigentlich nie fertig, sondern werden stetig weiterentwickelt) Entscheidungen getroffen werden, die den positiven Eindruck des Produkts bei Nutzern verschlechtern.

Bei schlechten Ergebnissen hat man es immer etwas schwerer. Hier ist es wichtig, sich gut vorzubereiten, um das sich leicht einstellende allgemeine Gefühl von Depression und Verzweiflung rechtzeitig mit konkreten Vorschlägen zur dringend notwendigen Verbesserung der UX zu durchbrechen. Auch hier ist es sehr wichtig die Verbesserungsvorschläge an konkreten Messergebnisse fest zu machen. Zum Beispiel kann der Vorschlag die Terminologie der Anwendung grundlegend zu überarbeiten leicht mit einem schlechten Wert einer Skala mit der Bedeutung *Durchschaubarkeit* motiviert werden.

Die meisten Standardfragebögen stellen auch Materialien für Datenauswertung und elementare Ergebnispräsentation bereit. Diese sind meist eher neutral und wissenschaftlich gehalten. Man kann aber Präsentationen oft leicht mit wenig Mühe aufpeppen, wenn man etwas Zeit in alternative Darstellungen der Ergebnisse investiert. Mitunter kann man hier auch zusätzliche Erkenntnisse über die Daten und damit die UX des Produkts gewinnen.

Der Kreativität und Phantasie sind hier natürlich keine Grenzen gesetzt. Ich will hier zum Abschluss ein Beispiel für eine spezielle Visualisierung von UEQ Ergebnissen vorstellen, die ich selbst schon in Präsentationen eingesetzt habe.

Das Beispiel nutzt eine Wortwolke, um darzustellen, wie die Items des UEQ bewertet werden. Dazu wurden die Bewertungen der Items auf der 7-stufigen Antwortskala auf Font-Größen abgebildet.

Abbildung 21: UEQ Ergebnisse dargestellt als Wortwolke.

Eine solche Grafik kann ganz gut eingesetzt werden, um die Teilnehmer einer Ergebnispräsentation erst mal abzuholen und Interesse für die Ergebnisse zu wecken. Wortwolken sind ja heute weit verbreitet, d.h. man braucht die Grafik nicht lange zu erklären und eine gewisse Tendenz der Ergebnisse kann man daraus schon ableiten. Wie genau man die Beziehung zwischen der Bewertung auf der Antwortskala und der Font-Größe herstellt, ist dabei eigentlich nachrangig.

12 Eigene Fragebögen entwerfen

12.1 Vorteile und Nachteile von Standardfragebögen

Standardisierte Fragebögen bieten viele Vorteile. Oft ist ein Benchmark vorhanden, der hilft die Messergebnisse in Beziehung zu den Ergebnissen anderer Produkte zu setzen und diese damit deutlich besser interpretierbar macht. Ein Standardfragebogen kann direkt verwendet werden und bietet über Anwendungshinweise oder ein Handbuch zum Fragebogen und vorgefertigte Hilfsmittel zur Datenanalyse oft einen nicht zu unterschätzenden Komfort für den Anwender.

Viele Standardfragebögen liegen auch in mehreren Sprachen vor, was gerade bei größeren Projekten, bei denen Evaluationen in mehreren Ländern vorgenommen werden müssen, sehr hilfreich ist.

Generell sollte man anstreben, dass die Teilnehmer einen Fragebogen immer in ihrer Muttersprache ausfüllen. Ansonsten kann es gerade bei etwas komplexeren Items leicht zu Missverständnissen und Fehlinterpretationen durch die Teilnehmer kommen. Allerdings lässt sich das praktisch nicht immer sicherstellen. Entweder weil für bestimmte in der befragten Zielgruppe vorhandenen Sprachen schlicht keine Übersetzung des Fragebogens existiert oder weil man aus organisatorischen Gründen nur eine Version des Fragebogens versenden kann (z.B. bei einer Befragung der Mitarbeiter eines weltweit agierenden Konzerns nur eine Version in der offiziellen Firmensprache Englisch). In solchen Fällen sollte man auf jeden Fall die Ergebnisse sehr sorgfältig auf der Ebene der einzelnen Items analysieren, um nachträglich Items zu erkennen, die evtl. häufig fehlinterpretiert wurden (was man zum Teil an niedrigen Korrelationen zu den anderen Items der gleichen Skala erkennen kann).

Ein weiterer nicht zu unterschätzender Effekt des Einsatzes von Standardfragebögen ist, dass sich die Ergebnisse wesentlich leichter verkaufen lassen. Wenn man die gemessenen Ergebnisse einem Kunden oder dem eigenen Management mitteilen muss, z.B. um Aufwände für Verbesserungen einzufordern, wird meist die naheliegende Frage „Wie wurde das eigentlich gemessen?" gestellt. Mit einem Verweis auf einen etablierten Fragebogen, für den wissenschaftliche Publikationen vorliegen, ist diese Frage meist leicht zu beantworten. Wenn man dagegen einen eigenen Fragebogen konstruiert und verwendet hat, hat man einen deutlich schwereren Stand die Messergebnisse gegen Kritik zu verteidigen.

Das ist speziell auch in Situationen wichtig, bei denen das Messergebnis als Kritik verstanden wird. Wenn man ein Entwicklungs-Team mit der Nachricht konfrontiert, dass die UX Evaluation ihres Produkts schlechte Werte ergeben hat, kann man nicht mit einer enthusiastischen Begeisterung rechnen. Ein nur zu menschlicher Impuls ist es in diesem Fall die Messmethode selbst zu hinterfragen („Das kann nicht sein! Die 3 User, die ich in den letzten 10 Jahren persönlich gefragt habe, waren immer zufrieden!"). Gerade in solchen Fällen spart ein Hinweis auf einen Standardfragebogen unerfreuliche Diskussionen und ist damit Gold wert.

Ein weiteres Problem ist, dass die Konstruktion eines vernünftigen UX Fragebogens nicht so ganz einfach ist und vor allem eine gewisse Zeit erfordert. Man muss sich erstens darüber klarwerden, welche UX Aspekte man messen will und zweitens Items entwickeln, die auch genau diese Aspekte messen. Standardisierte Fragebögen stellen dies über in der Regel recht aufwändige und mehrstufige Prozesse zur Auswahl geeigneter Items sicher. Die Konstruktion eines solchen Fragebogens dauert unter Umständen mehrere Monate oder sogar Jahre. Diese Zeit hat man aber in der Regel als Praktiker nicht zur Verfügung.

Nun gibt es leider im Bereich UX, wie auch im Leben, leider nichts für umsonst. Standardisierte Fragebögen haben auch eine Reihe von Nachteilen und in bestimmten Fällen kann es daher durchaus Sinn machen einen eigenen Fragebogen zu entwerfen und einzusetzen.

Ein typisches Problem ist, dass standardisierte Fragebögen natürlich immer nur eine bestimmte Kombination von UX Aspekten messen. Es kann daher vorkommen, dass man eine klare Vorstellung von den für das Produkt relevanten UX Aspekten hat, diese Kombination aber von keinem der vorhandenen Fragebögen realisiert wird. Shit happens.

Man kann sich unter Umständen mit einer Kombination mehrerer Fragebögen behelfen. Aber hier ist natürlich zu berücksichtigen, dass die zu befragenden Nutzer auch nicht beliebig viel Zeit für eine UX Evaluation verwenden wollen und können. Das verschieden Fragebögen in der Regel verschiedene Item-Formate besitzen, macht es auch nicht leichter. In anderen Fällen kann man einen vorhandenen Standardisierten Fragebogen um einige wenige eigene Fragen ergänzen.

Aber es gibt auch Fälle, wo man durchaus darüber nachdenken sollte, einen eigenen Fragebogen zu entwickeln und zu verwenden.

Ein typisches Beispiel ist, wenn man einen Fragebogen zur kontinuierlichen Qualitätssicherung verwenden möchte und keiner der Standardfragebögen die UX Aspekte enthält, die für das Produkt wichtig sind. D.h. der Fragebogen soll für ein Produkt oder eine Produktfamilie in regelmäßigen Abständen eingesetzt werden, um die UX Qualität zu ermitteln. In solchen Fällen kann man schlicht die Unterschiede zwischen zwei Messergebnissen nutzen, um zu entscheiden, ob sich die UX Qualität eines Produkts über die Zeit verbessert hat oder nicht. Das Fehlen eines Benchmarks spielt in solchen Szenarien keine Rolle, da man sich diesen für die eigene Produktfamilie im Laufe der Zeit selbst schafft.

Wenn ein Standardfragebogen halbwegs auf die eigenen Erfordernisse passt, sollte man immer einen solchen verwenden. In speziellen Fällen fährt man aber mit einem speziell konstruierten Fragebogen besser.

12.2 Standardfragebögen modifizieren

Es kommt immer wieder vor, dass Anwender von Standardfragebögen mit einzelnen Aspekten des Fragebogens nicht zufrieden sind und aktiv tätig werden, um die aus ihrer Sicht bestehenden Probleme zu beseitigen.

Hier gibt es mehrere Möglichkeiten:

• Einzelne Items, die aus Sicht des Anwenders nicht passen, werden weggelassen.

• Die Formulierung einzelner Items wird verbessert, d.h. der Anwender stört sich an der Formulierung oder erwartet Verständnisprobleme und ersetzt einfach das betreffende Item durch ein anderes mit seiner Ansicht äquivalenter Bedeutung.

• Einzelne Skalen werden als nicht relevant angesehen und weggelassen.

Generell kann man sagen, dass solche Eingriffe in der Regel keine gute Idee sind! Items weglassen oder verändern sollte man auf keinen Fall. Damit ändert sich die Bedeutung der Items (zumindest besteht diese Gefahr) und damit auch was die Skala misst. Man hat damit keine Vergleichbarkeit mehr zu Ergebnissen, die mit dem nicht modifizierten Fragebogen erzielt wurden und kann z.B. seine Ergebnisse nicht mehr in Relation zum Benchmark interpretieren. Das stellt meist eine massive Einschränkung in Bezug auf die Interpretierbarkeit der Ergebnisse dar.

Wenn der Fragebogen keinen Gesamtwert liefert (d.h. nur die Ergebnisse der einzelnen Skalen interpretiert werden können und diese nicht zu einem Gesamt-Score verrechnet werden) oder man einen vorhandenen Gesamtwert nicht interpretieren will, kann man komplette Skalen weglassen. In Fällen, bei denen der von der Skala gemessene UX Aspekt für das untersuchte Produkt nicht relevant ist, kann das durchaus Sinn machen, um die für die Befragung der Teilnehmer notwendige Zeit zu verkürzen.

12.3 Standardfragebögen erweitern

Nun gibt es Situationen, in denen ein vorhandener Standardfragebogen fast alle UX Aspekte abdeckt, die man für ein Produkt messen möchte. Es fehlt aber ein für dieses Produkt wichtiger UX Aspekt und man findet diesen auch nicht in einem anderen Fragebogen. Was tun?

In solchen Fällen bietet es sich an den Fragebogen zu erweitern. Man verlässt hier die abgesicherten Regionen des Standards und muss sicher in Bezug auf die Interpretierbarkeit der Ergebnisse und auf den Komfort gewisse Abstriche machen, aber dies ist oft immer noch besser, als den Aspekt gar nicht zu messen.

Nun hat man als UX Researcher in der Praxis oft nur eingeschränkte Möglichkeiten eigene Skalen zu konstruieren. Andererseits ist aber der Anspruch für die selbst konstruierten Skalen auch deutlich geringer, als an eine Skala in einem Standardfragebogen. Der Standardfragebogen soll ja für eine größere Menge von Produktkategorien funktionieren, d.h. akkurat messen. Selbstgebastelte Skalen werden aber meist nur für einen eingeschränkten Anwendungsbereich (nur ein spezielles Produkt oder Produkte einer bestimmten Kategorie) verwendet. D.h. man kann hier ruhig etwas entspannter an die Sache rangehen (Methodenfanatiker mögen mir diese pragmatische Herangehensweise verzeihen).

Ich will im folgenden zwei (es gibt da natürlich viele weitere Arten, aber das würde hier zu weit führen) Methoden beschreiben, wie man das beschriebene Problem angehen kann. Die erste ist aufwändiger, wird aber UX Skalen liefern, die den üblichen Anforderungen genügen. Die zweite ist schnell und pragmatisch anwendbar, kann aber unter Umständen zu sub-optimalen Ergebnissen führen.

Schauen wir uns erst mal die aufwändige Methode an. Damit sieht man dann auch besser, wo die Gefahren der Abkürzung liegen können.

Fassen wir erst noch mal kurz die Ausgangslage zusammen. Wir möchten ein Produkt evaluieren (oder eine Menge von Produkten). Wir sind uns auch einigermaßen klar, was die wichtigen UX Aspekte sind, die wir messen wollen. Bei der Suche nach einem passenden Fragebogen sind wir auch fündig geworden. Es gibt einen Fragebogen, der alle gewünschten UX Aspekte bis auf einen für uns sehr wichtigen Aspekt misst. Den fehlenden UX Aspekt können wir auch nicht durch zusätzliche Anwendung eines anderen UX Fragebogens erfassen.

Jetzt gehen wir zusätzlich davon aus, dass wir das erwähnte Produkt kontinuierlich evaluieren wollen. Für eine einzelne Anwendung wäre die Erweiterung definitiv zu viel Aufwand.

Zunächst sollte man klar formulieren, was der fehlende UX Aspekt beschreibt. D.h. einen kurzen Text verfassen, der klar formuliert, was man messen will. Unter Umständen wird man hier feststellen, dass dies gar nicht so einfach ist. Das ist dann ein klarer Hinweis, dass man nochmal in sich gehen sollte und evtl. noch besser klären muss, was wirklich Ziel der Messung ist.

126

Hat man diese Formulierung, so kann man diese nutzen, um eine entsprechende Skala zu konstruieren. Hierzu formuliert man im Item-Format des Fragebogens (z.B. semantisches Differential oder Aussagen, denen man zustimmen oder die man ablehnen kann) potentielle Items. Am einfachsten trommelt man hier eine Reihe von UX Experten oder Kollegen zusammen, die die Anforderungen an die neue Skala gut verstehen und dann in einer Brainstorming Session Vorschläge für Items machen.

Typischerweise werden hier nicht alle gemachten Vorschläge wirklich gute Ideen sein, d.h. man wird danach die Vorschläge konsolidieren müssen, z.B. Duplikate entfernen, sehr ähnliche Vorschläge zu einem konsolidieren oder ungeeignete Vorschläge entfernen. Wichtig ist aber, dass eine gewisse Vielfalt an Items übrigbleibt. Nennen wir diese Menge von Items mal die Kandidaten-Skala.

Danach kommt der eigentlich anstrengende Teil. Man setzt eine größere Untersuchung auf (in Bezug auf die Anzahl der Teilnehmer) und lässt Nutzer die zu untersuchende Anwendung mit allen Items der Kandidaten-Skala bewerten. Wenn man brauchbare Ergebnisse möchte, sollte man schon eine größere Zahl von Personen befragen (es gibt auch hier Faustregeln, z.B. 5 mal die Zahl der Items in der Kandidaten-Skala, aber hier ist unklar, wie brauchbar diese Faustregeln praktisch sind). Über eine Faktorenanalyse oder ein verwandtes Verfahren kann man dann die am besten passenden Items auswählen. D.h. man muss sich eine Vorgabe für die Anzahl n der Items für die neue Skala setzen (da orientiert man sich am besten an den Item-Zahlen in den Skalen des zu erweiternden Fragebogens) und wählt dann über eine Faktorenanalyse (man setzt die Anzahl der Faktoren auf eins) die n Items mit der höchsten Ladung auf dem Faktor.

Idealerweise sollte man jetzt in weiteren Studien die Reliabilität und Validität der neuen Skala absichern. Da unser Use Case aber der Fall ist, dass wir eine kontinuierliche Messung eines Produkts mit einem Fragebogen anstreben, kann man sich das Leben hier leichter machen, d.h. einfach mal loslegen und dann in den Messungen, die man eh vornimmt, die entsprechenden Untersuchungen anstellen (z.B. in dem man den Cronbach-Alpha Koeffizienten anschaut oder die Korrelationen der Items der Skala prüft).

Diese empirische Konstruktion der Skala sichert schon eine gewisse Qualität der Items (es wurden ja aus einer Menge von Kandidaten die „besten" gewählt). Allerdings steht vor der ersten Anwendung der neuen Skala eine aufwändige Untersuchung mit einer größeren Datenerhebung. Das kann in der Praxis natürlich zu schwierig sein.

Deshalb jetzt eine Abkürzung. Methodisch zwar ziemlich anrüchig, aber im geschilderten Anwendungsfall vertretbar. In der Abkürzung gehen wir in der ersten Phase wie oben beschrieben vor. Wir erzeugen eine Liste von möglichen Items, d.h. eine Kandidaten-Skala. Nur sparen wir uns die empirische

Untersuchung. Stattdessen schnappen wir uns eine kleinere Zahl von Kollegen oder Freunden oder sonst wie verfügbaren Personen, die das zu evaluierende Produkt kennen und den zu messenden UX Aspekt (da hilft der kleine Text weiter, der beschreibt, was zu messen ist) verstehen. Wir wollen ja eine Skala mit n Items konstruieren. Man bittet die Personen deshalb die n Items zu markieren, die ihrer Meinung nach den zu messenden Aspekt am besten beschreiben. Nicht ganz einfach, aber man kann das auch in einer offenen Diskussion klären bzw. hier eine Meinungsbildung reifen lassen. Wichtig ist nur, dass jeder der Beteiligten eine Liste der n aus seiner Sicht bestpassenden Items auswählt. Aus diesen Daten konstruiert man dann die Skala, d.h. wählt die n Items, die am häufigsten genannt wurden.

Klingt verglichen mit dem anderen Verfahren verdammt einfach. Hat aber einen Haken! Man muss sich hier darauf verlassen, dass die gewählten Experten auch wirklich eine gute Auswahl der Items treffen. D.h. das Risiko hier falsch zu liegen und eine wenig aussagekräftige Skala zu konstruieren ist hier einfach höher. Dafür kann man schnell loslegen und wenn man ein Produkt über einen längeren Zeitraum immer wieder mit der Skala evaluieren will, hat man auch meist nach ein oder zwei Messungen ausreichend viele Daten, um die Qualität der Skala zu beurteilen und ggfs. nachzubessern.

Wenn man auf eine der beschriebenen Arten eine Skala zu einem vorhandenen Fragebogen hinzufügt, hat man natürlich für die neue Skala nicht alle Komfortfunktionen der anderen Skalen. Die Skala ist nicht in den vorhandenen Tools zur Datenanalyse enthalten. Der gravierendste Nachteil, den man in solchen Fällen in Kauf nehmen muss, ist aber das die neue Skala nicht im Benchmark enthalten ist, d.h. bei der Interpretation wie gut oder schlecht ein Wert ist, ist man erst mal auf sich selbst gestellt. In Szenarien, in denen man ein Produkt kontinuierlich messen will (und nur für solche würde ich das eigentlich empfehlen), macht das aber nicht viel aus. Hier ist man vor allem an der Veränderung der Werte über die Zeit interessiert, d.h. die Interpretation wird hier durch den Vergleich zu alten Produktversionen deutlich vereinfacht.

12.4 Einen eigenen Fragebogen definieren

Mit der oben für eine Skala beschriebenen Methode kann man nun auch gleich einen ganzen Fragebogen konstruieren. Man definiert hier im ersten Schritt einfach alle UX Aspekte, die einem interessant erscheinen und führt die beschriebenen Schritte einfach für alle diese UX Aspekte durch.

Allerdings würde ich davon eher abraten. Die Unwägbarkeiten steigen mit der Anzahl der Skalen und es ist auch deutlich schwieriger die Menge aller relevanten UX Aspekte zu definieren, als zu einem gegebenen Fragebogen den einen fehlenden Aspekt zu ergänzen.

In solchen Fällen bietet es sich an, die Skalen nicht direkt vorzugeben. Stattdessen startet man hier besser mit einer sehr großen Menge von Items, die viele UX Qualitäten repräsentieren und konstruiert auch die entsprechenden Skalen hier schon empirisch. Ein entsprechendes Vorgehen ist z.B. in Hassenzahl, Burmester & Koller (2003) für den AttrakDiff oder in Laugwitz, Schrepp & Held (2006) für den UEQ beschrieben. Hier kommt man in Bereiche, die wir im Rahmen dieses eher an den Bedürfnissen der Praktiker orientiertem Werk nicht mehr abdecken wollen.

Literaturverzeichnis

Bangor, A., Kortum, P. T. & Miller, J. T. (2008). An empirical evaluation of the System Usability Scale. International Journal of Human-Computer Interaction, 24(6), S. 574-594.

Bangor, A., Kortum, P. T., & Miller, J. T. (2009). Determining what individual SUS scores mean: Adding an adjective rating scale. Journal of Usability Studies, 4(3), S. 114-123.

Barnes, J.S. & Vidgen, R. (2001). An Evaluation of Cyber-Bookshops: The WebQual Method. International Journal of Electronic Commerce, 6(1), S. 11-30.

Benedek, J. & Miner, T. (2002). Measuring Desirability: New methods for evaluating desirability in a usability lab setting. Usability Professionals Association, 2002 Conference Proceedings.

Bonsiepe, G. A. (1968). A method of quantifying order in typographic design. Journal of Typographic Research, 2, S. 203-220.

Boos, B. & Brau, H., (2017). Erweiterung des UEQ um die Dimensionen Akustik und Haptik. In: Hess, S. & Fischer, H. (Hrsg.), Mensch und Computer 2017 - Usability Professionals, Regensburg: Gesellschaft für Informatik e.V., S. 321 – 327.

Boselie F. & Leeuwenberg E. (1984). A General Notion of Beauty Used to Quantify the Aesthetic Attractivity of Geometric Forms. Advances in Psychology, 19, S. 367-387.

Brooke, J. (1996). SUS-A quick and dirty usability scale. Usability Evaluation in Industry, 189(194), S. 4-7.

Brooke, J. (2013). SUS A Retrospective. Journal of Usability Studies, Vol. 8(2), S. 29-40.

Card, S., Moran T.P. & Newel A. (1983). The Psychology of Human Computer Interaction. Mahwah:Lawrence Erlbaum Associates.

Chin, J. P., Diehl, V. A. & Norman, K. L. (1988). Development of an instrument measuring user satisfaction of the human-computer interface. In Proceedings of the SIGCHI conference on Human factors in computing systems, New York: ACM, S. 213-218.

Comber, T. & Maltby, J. R. (1994). Screen complexity and user design preferences in windows applications. In: S. Howard & Y. K. Leung (Hrsg.), Harmony through working together: Proceedings of OZCHI 94, Melbourne Australia: CHISIG, S. 133-137.

Cortina, J.M. (1993). What is coefficient Alpha? An examination of theory and applications? Journal of Applied Psychology, 78(1), S. 98-104.

Cronbach, L.J. (1951). Coefficient alpha and the internal structure of tests. Psychometrika, 16, S. 297-334.

Davis, F.D. (1989). Perceived Usefulness, Perceived Ease of Use, and User Acceptance of Information Technology. MIS Quarterly, 13(3), S. 319-340.

Davis, F. (1985), A technology acceptance model for empirically testing new end-user information systems - Theory and results, PhD Thesis, Massachusetts Inst. of Technology.

Davis, F., Bagozzi, P. & Warshaw, P. (1989). User acceptance of computer technology - A comparison of two theoretical models. Management Science, 35(8), S. 982–1003.

Dick, A., Dipankar C. & Gabriel, B. (1990). Memory-Based Inference During Consumer Choice. Journal of Consumer Research, 17, S. 82–93.

Dion, K.K., Berscheid, E. & Walster, E. (1972). What is beautiful is good. Journal of Personality and Social Psychology, 24, S. 285–290.

Doney, P. & Cannon, J. (1997). An examination of the nature of trust in buyer-seller relationships. Journal of Marketing, 51(2), S. 11-27.

Everard, A. & Galletta, D.F. (2003). Effect of Presentation Flaws on Users Perception of Quality of On-Line Stores Web Sites: Is it Perception that Really Counts? Proceedings of the Second Annual Workshop on HCI Research in MIS, Seattle, WA, December 12-13, S. 60-65.

Finstadt, K. (2010). The Usability Metric for User Experience. Interacting with Computers, 22(5), S. 323-327.

Ford, G.T. & Smith, R.A. (1987): Inferential Beliefs in Consumer Evaluations: An Assessment of Alternative Processing Strategies. Journal of Consumer Research, 14, S. 363-371.

Fraisse, P. (1984). Perception and estimation of time. Annual Review of Psychology, 35, S. 1-36.

Geissler, G. L., Zinkhan, G. M. & Watson, R. T. (2006). The influence of home page complexity on consumer attention, attitudes, and purchase intent. Journal of Advertising, 35(2), S. 69-80.

Hassenzahl, M. (2001). The effect of perceived hedonic quality on product appealingness. International Journal of Human-Computer Interaction, 13(4), S. 481–499.

Hassenzahl, M., Burmester, M. & Koller, F. (2003). AttrakDiff: Ein Fragebogen zur Messung wahrgenommener hedonischer und pragmatischer Qualität. In: J.Ziegler; G. Szwillus (Hrsg.), Mensch & Computer 2003. Interaktion in Bewegung, Stuttgart, Leipzig: B.G. Teubner, S. 187-196.

Hekkert, P., Smelders, D. & van Wieringen, P. (2003). Most advanced, yet acceptable: Typicality and novelty as joint predictors of aesthetic preference in industrial design. British Journal of Psychology, 94, S. 111-124.

Hekkert, P. (2006). Design aesthetics: Principles of pleasure in design. Psychology Science, 48, S. 157-172.

Hinderks, A., Schrepp, M., Rauschenberger, M., Olschner, S. & Thomaschewski, J. (2012). Konstruktion eines Fragebogens für jugendliche Personen zur Messung der User Experience. In: Brau, H.; Lehmann, A.; Petrovic, K.; Schroeder, M. (Hrsg.); Usability Professionals 2012, S. 78 – 83.

Hinderks, A. (2016). Modifikation des User Experience Questionnaire (UEQ) zur Verbesserung der Reliabilität und Validität. Unveröffentlichte Masterarbeit, University of Applied Sciences Emden/Leer.

Horst, P. (1971). Messung und Vorhersage – Eine Einführung in die psychologische Testtheorie. Beltz-Verlag: Weinheim, Berlin, Basel.

Hulsmeier, D., Schell-Majoor, L., Rennies, J., & van de Par, S. (2014). Perception of sound quality of product sounds: A subjective study using a semantic differential. In: INTER-NOISE and NOISE-CON Congress and Conference Proceedings (Vol. 249, No. 7, S. 843-851). Institute of Noise Control Engineering.

Ilmberger, W., Schrepp, M. & Held, T. (2009). Was verursacht den Zusammenhang zwischen Ästhetik und Usability. In: H. Wandke; S. Kain & D. Struve (Hrsg.): Mensch & Computer 2009. Oldenbourg Verlag, S. 383-392.

ISO 9241-110: Ergonomic requirements for office work with visual display terminals (VDTs) - Part 110: Guidance on usability. International Organization for Standardization.

ISO 9241-210: Ergonomics of human-system interaction -- Part 210: Human-centred design for interactive systems. International Organization for Standardization.

Isen, A. M. (2000). Positive affect and decision making. In Lewis, M., Haviland, J.M. (Hrsg.): Handbook of emotions (2nd edtion), New York: Guilford Press, S. 417–435.

Ijsselsteijn, W. A., de Kort, Y. A. W., & Poels, K. (2013). The Game Experience Questionnaire. Eindhoven: Technische Universiteit Eindhoven.

Jennett, C., Cox A.L., Cairns, P., Dhoparee, S., Epps, A., Tijs, T. & Walton, A. (2008). Measuring and Defining the Experience of the Immersion in Games. International Journal of Human-Computer Studies 66(9), S. 641-661.

John, B.E. & Kieras, D.E. (1996): The GOMS family of user interface analysis techniques: Comparison and Contrast. ACM Transactions on Computer-Human Interaction 3(4), S. 320-351.

John, B., Prevas, K., Salvucci, D. & Koedinger, K. (2004) Predictive Human Performance Modeling Made Easy. In Dykstra-Erickson, E. & Tscheligi, M. (Hrsg.), Proceedings of CHI Conference on Human Factors in Computing Systems. New York: ACM Press. S. 455 – 462.

John, B. E. & Salvucci, D. D. (2005). Multi-Purpose Prototypes for Assessing User Interfaces in Pervasive Computing Systems. IEEE Pervasive Computing 4(4), S. 27-34.

Kirakowski, J. & Corbett, M. (1993). SUMI: The software usability measurement inventory. British Journal of Educational Technology, 24(3), S. 210-212.

Kirakowski, J. & Bozena, C. (1998). Measuring the usability of web sites. In: Proceedings of the Human Factors and Ergonomics Society Annual Meeting, 42(4). SAGE Publications, 1998.

Kurosu, M., & Kashimura, K. (1995). Apparent usability vs. inherent usability: experimental analysis of the determinants of the apparent usability. Denver, Colorado: Conference Companion of human factors in computing systems, S. 292–293.

Kurosu, M. (2015). Usability, quality in use and the model of quality characteristics. In: International Conference on Human-Computer Interaction, S. 227-237. Springer, Cham.

Laugwitz, B.; Schrepp, M. & Held, T. (2006). Konstruktion eines Fragebogens zur Messung der User Experience von Softwareprodukten. In: A.M. Heinecke & H. Paul (Hrsg.): Mensch & Computer 2006 – Mensch und Computer im Strukturwandel. Oldenbourg Verlag, S. 125 – 134.

Laugwitz, B., Schrepp, M. & Held, T. (2008). Construction and evaluation of a user experience questionnaire. In: Holzinger, A. (Hrsg.): USAB 2008, LNCS 5298, S. 63-76.

Lavie, T. & Tractinsky, N. (2004). Assessing dimensions of perceived visual aesthetics of web sites. International Journal of Human-Computer-Studies, 60, S. 269-298.

Lewis, J. R. (1991). Psychometric evaluation of an after-scenario questionnaire for computer usability studies: The ASQ. ACM Sigchi Bulletin, 23(1), 78-81.

Lewis, J. R. (1992). Psychometric evaluation of the post-study system usability questionnaire: The PSSUQ. In Proceedings of the Human Factors and Ergonomics Society Annual Meeting, 36(16), Sage CA: Los Angeles, S. 1259-1260.

Lewis, J. R. (1995). IBM Computer Usability Satisfaction Questionnaires: Psychometric Evaluation and Instructions for Use. International Journal of Human-Computer Interaction, 7(1), S. 57-78.

Lewis, J.R. & Erdinc, O. (2017). User Experience Rating Scales with 7, 11, or 101 Points: Does it matter? Journal of Usability Studies, 12(2), S. 73-91.

Lin, H., Choong, Y. & Salvendy, G. (1997) A Proposed Index of Usability: A Method for Comparing the Relative Usability of Different Software Systems. Behaviour & Information Technology, 16(4/5), S. 267-278.

Loewy, R. (1951). Never leave well enough alone. New York: Simon and Schuster.

Lund, A. M. (2001). Measuring usability with the USE questionnaire. Usability Interface, 8(2), S. 3-6.

Miller, R. B. (1968). Response time in man-computer conversational transactions. In: Proceedings of the December 9-11, 1968 Fall joint computer conference, Part I (S. 267-277). ACM.

Minge, M. & Riedel, L. (2013). meCUE – Ein modularer Fragebogen zur Erfassung des Nutzungserlebens. In: S. Boll, S. Maaß & R. Malaka (Hrsg.): Mensch und Computer 2013: Interaktive Vielfalt, München: Oldenbourg Verlag, S. 89-98.

Mohs, C., Hurtienne, J., Kindsmüller, M.C., Israel, J.H. & Meyer, H.A (2006). IUUI – Intuitive Use of User Interfaces: Auf dem Weg zu einer wissenschaftlichen Basis für das Schlagwort "Intuitivität". MMI Interaktiv, 11, 75-84.

Moshagen, M. & Thielsch, M. T. (2010). Facets of visual aesthetics. International Journal of Human-Computer Studies, 68(10), S. 689-709.

Moshagen, M. & Thielsch, M. T. (2013). A short version of the visual aesthetics of websites inventory. Behaviour & Information Technology, 32(12), S. 1305-1311.

Müller, K. & Schrepp, M. (2013). Visuelle Komplexität, Ästhetik und Usability von Benutzerschnittstellen. In: Boll, S.; Maaß, S. & Malaka, R. (Hrsg.), *Mensch & Computer 2013*, München: Oldenbourg Verlag, S. 211 - 220.

Nakamura, J. & Csikszentmihalyi, M. (2009). Flow Theory and Research. In: Lopez, S. & C. Snyder (Hrsg.), The Oxford Handbook of positive Psychology, Ch. 18, S. 195-206.

Nielsen, J. (1993). Usability Engineering, Academic Press, San Diego, CA.

Nielsen, J. (1999) Trust or Bust: Communicating Trustworthiness in Web Design (Nielsen Norman Group). Available online: https://www.nngroup.com/articles/communicating-trustworthiness/ (zuletzt besucht 9.1.2018).

Norman, D. (2003). Emotional Design: Why We Love (Or Hate) Everyday Things. Boulder Colorado: Basic Books.

Okamoto, S., Nagano, H. & Ho, H.-N. (2016). Psychophysical Dimensions of Material Perception and Methods to Specify Textural Space. In H. Kajimoto, S. Saga & M. Konyo (Hrsg.), Pervasive Haptics: Science, Design, and Application, S. 3-20. Springer, Tokyo.

Olson, J.R. & Olson, G.M. (1990): The growth of cognitive modelling in human-computer interactions since GOMS. Human-Computer Interaction, 5, S. 221-265.

Pandir, M. & Knight, J. (2006). Homepage aesthetics: The search for preference factors and the challenge of subjectivity. Interacting with Computers, 18(6), S. 1351-1370.

Porteous, M., Kirakowski, J., & Corbett, M. (1993). SUMI User Handbook. Human Factors Research Group, University College Cork, Ireland.

Preece, J., Rogers, Y. & Sharpe, H. (2002). Interaction design: Beyond human-computer interaction. Wiley, New York.

Prümper, J. (1997). Der Benutzungsfragebogen ISONORM 9241/10: Ergebnisse zur Reliabilität und Validität. In: Software-Ergonomie'97, S. 253-262. Vieweg+ Teubner Verlag.

Roberts, M. N. (2007). Complexity and aesthetic preference for diverse visual stimuli. Unpublished Doctoral Dissertation. Universitat de les Illes Balears.

Sauro, J. (2015). SUPR-Q: A Comprehensive Measure of the Quality of the Website User Experience. Journal of Usability Studies, 10(2), S. 68-86.

Schrepp, M.; Held, T. & Laugwitz, B. (2004). On the influence of hedonic quality on the attractiveness of user interfaces of business management software. Interacting with Computers, Vol. 18, No. 5, 1055-1069.

Schrepp, M. & Fischer, P. (2007). GOMS models to evaluate the efficiency of keyboard navigation in web units. Eminds – International Journal of Human Computer Interaction 1(2), S. 33-46.

Schrepp, M.; Olschner, S. & Schubert, U. (2013). User Experience Questionnaire Benchmark - Praxiserfahrungen zum Einsatz im Business-Umfeld. In: Brau, H.; Lehmann, A.; Petrovic, K.; Schroeder, M. (Eds.), Usability Professionals 2013, S. 348 – 353.

Schrepp, M., Hinderks, A. & Thomaschewski, J. (2014). Applying the User Experience Questionnaire (UEQ) in Different Evaluation Scenarios. In: Marcus, A. (Hrsg.): Design, User Experience, and Usability. Theories, Methods, and Tools for Designing the User Experience. Lecture Notes in Computer Science, Volume 8517, Springer International Publishing, S. 383-392.

Schrepp, M. & Held, T. (2015). Wie effizient ist mein User Interface? - Bearbeitungszeiten mit GOMS und CogTool schätzen. In: Endmann, A.; Fischer, H. & Krökel, M. (Eds.), Mensch und Computer 2015 – Usability Professionals, S. 393-400, DE GRUYTER.

Schrepp, M. & Müller, K (2015). Übersichtlichkeit als Mediator zwischen Ästhetik und Usability? In: Diefenbach, S., Henze, N. & Pielot, M. (Eds.), Mensch & Computer 2015 – Tagungsband, DE GRUYTER, S. 73-82.

Schrepp, M. (2016). Datenqualität bei Online-Fragebögen sicherstellen. S. Hess & H. Fischer (Hrsg.): Mensch und Computer 2016 – Usability Professionals.

Schrepp, M.; Hinderks, A. & Thomaschewski, J. (2017). Construction of a benchmark for the User Experience Questionnaire (UEQ). International Journal of Interactive Multimedia and Artificial Intelligence, 4(4), S. 40-44.

Schrepp, M., Hinderks, A. & Thomaschewski, J. (2017). Konstruktion einer Kurzversion des User Experience Questionnaire. In: Burghardt, M., Wimmer, R., Wolff, C. & Womser-Hacker, C. (Hrsg.), Mensch und Computer 2017 - Tagungsband. Regensburg: Gesellschaft für Informatik e.V., S. 355-360.

Schwarz, N. (2002). Situated cognition and the wisdom of feelings. In Feldman-Barrett, L., Salovey, P. (Hrsg.): The wisdom of feeling: Psychological processes in emotional intelligence, New York: Guilford Press, S. 144–166.

Sijtsma, K. (2009). On the use, misuse, and the very limited usefulness of Cronbach's Alpha. Psychometrika, 74, S. 107-120.

Thielsch, M. T. & Jaron, R. (2012). Das Zusammenspiel von Website-Inhalten, Usability und Ästhetik. In H. Reiterer & O. Deussen (Hrsg.): Mensch & Computer 2012, München: Oldenbourg, S. 123-132.

Thüring, M., & Mahlke, S. (2007). Usability, aesthetics and emotions in human–technology interaction. International Journal of Psychology, 42(4), S. 253-264.

Torgerson, W. S. (1958). Theory & Methods of Scaling. New York: Wiley.

Tractinsky, N. (1997). Aesthetics and Apparent Usability: Empirical Assessing Cultural and Methodological Issues. CHI'97 (http://www.acm.org/sigchi/chi97/proceedings/paper/nt.htm).

Tractinsky, N., Katz, A.S. & Ikar, D. (2000). What is beautiful is usable. Interacting with Computers, 13, S. 127–145.

Tuch, A., Roth, S., Hornbaek, K., Opwis, K. & Bargas-Avila, J. (2012). Is beautiful really usable? Toward understanding the relation between usability, aesthetics, and affect in HCI. Computers in Human Behavior, 28(5), S. 1596–1607.

Tuch, A., Bargas-Avilaa, J., Opwis K. & Wilhelm, F. (2009). Visual complexity of websites: Effects on users'experience, physiology, performance, and memory. Int. J. Human-Computer Studies, 67, S. 703–715.

Venkatesh, V. & Davis, F. (2000). A theoretical extension of the technology acceptance model: Four longitudinal field studies. Management Science, 46(2), S. 186–204.

Whitefield, T. W. A. (2000). Beyond prototypicality: Toward a categorical-motivation model of aesthetics. Empirical Studies of the Arts, 18, S. 1–11.

Willumeit, H., Gediga, G. & Hamborg, K. (1996). IsoMetrics(L): Ein Verfahren zur formativen Evaluation von Software nach ISO 9241/10. Ergonomie und Informatik, 27, S. 5-12.

Winter, D., Hinderks, A., Schrepp, M. & Thomaschewski, J. (2017). Welche UX Faktoren sind für mein Produkt wichtig? In: Hess, S. & Fischer, H. (Hrsg.), Mensch und Computer 2017 - Usability Professionals. Regensburg: Gesellschaft für Informatik e.V., S. 191 – 200.

www.ingramcontent.com/pod-product-compliance
Lightning Source LLC
Chambersburg PA
CBHW071139050326
40690CB00008B/1510